·经典润泽心灵　智慧点亮人生·

道德经的人生智慧

苏子岳◎编著

中国纺织出版社

内 容 提 要

两千多年前，老子为我们留下了洋洋五千言的《道德经》。这是一本“综罗百代，广博精微”的书籍。它极富哲理性，语言韵律优美。它为我们讲述了宇宙天地变化之玄机，道出了人生处世之方略。它的思想与智慧流传至今，仍然非常值得我们揣摩和学习。

本书提炼出《道德经》中的精髓部分和至理名言，结合古今中外的小故事，进行多方位、多层次、深入浅出的全新解读和演绎，希望能够为读者带来耳目一新的阅读天地，愿读者从中得到启迪，开启智慧，并应用于自己的学习、工作和生活之中。

图书在版编目（CIP）数据

《道德经》的人生智慧／苏子岳编著.--北京：中国纺织出版社，2016.1（2024.1重印）

ISBN 978-7-5180-1750-8

Ⅰ.①道…　Ⅱ.①苏…　Ⅲ.①道家②《道德经》—通俗读物　Ⅳ.①B223.1-49

中国版本图书馆CIP数据核字（2015）第139284号

责任编辑：李伟楠　　责任印制：储志伟

中国纺织出版社出版发行

地址：北京市朝阳区百子湾东里A407号楼　邮政编码：100124

销售电话：010—67004422　传真：010—87155801

http://www.c-textilep.com

E-mail: faxing@c-textilep.com

中国纺织出版社天猫旗舰店

官方微博http://weibo.com/2119887771

北京兰星球彩色印刷有限公司印刷　各地新华书店经销

2016年1月第1版　2024年1月第3次印刷

开本：880×1230　1/32　印张：9

字数：163千字　定价：39.80元

前言

中华民族有着五千年的文明，文化源远流长，在这段悠久而漫长的岁月中，积淀出很多思想学术流派，而道家是中国思想文化中非常具有代表性的一支。

老子是道家文化的创始人，也是中国最伟大的思想家、哲学家之一，世界文化名人。老子生前曾任周朝的“守藏室之官”，也就是为周王朝管理藏书的官员，后来老子辞官归隐，骑青牛出函谷关。在出关前，应函谷关守关官员关尹要求，留下了五千言的《老子》一书，又名《道德经》。《道德经》分为上下两册，共81章，前37章为道经，第38章以后为德经。《道德经》虽然只有短短的五千字，却是包罗万象，微言大义，上篇讲解宇宙本原、天地变化、阴阳变幻等问题，下篇阐述人在天地宇宙中的处世方法，进退之术以及长生久视之道。

老子通过《道德经》阐述自己对于宇宙、人生的观点，自然无为、返璞归真。老子追求自然无为的人生境界，反对利欲观和人为因素对人的天性和物的本性的扼杀，表达了对人的生存本身的深切关注，追求自然无为的生存境界，主张天、地、人都统一于自然而然的道。他的思想从宇宙天地和人的完整生命的宏观角度来思考人应当度过一个怎样的生命旅程，超越了知识体系和意识形态的局限，深入人性，不一味固守冠冕堂皇的道德原则，为人们构建了一片朴素自然的自由天地，帮助人们在出世和入世之间找到平衡点，既取得世俗的成功，又不失去自我的精神家园，他的思想深刻地影响着中国哲学的发展。而《道德经》《易经》《论语》则被认为是对中国人影响最深远的三部思想巨著。

在经济飞速发展、全球化加速的今天，竞争日益激烈，人们逐渐发现物质的进步和富足并不能带来等量的幸福感和满足感，在追求幸福的过程中，心灵变得困顿、纠结、困惑。该要如何摒弃浮躁的心态，又要如何让心灵回归？老子早已为人们提供了可以借鉴的处世经验和成功经验，他在《道德经》中为我们作了最好的回答——顺其自然，和谐共生。

通过阅读《道德经》，我们可以感受到老子思想的深奥玄妙，应该将这些几千年前的大智慧与我们现代的生活结合起来，使其能够最大限度地指导我们的思想行为。基于这样的目标，我们编著了这本《〈道德经〉的人生智慧》。本书将对老子的《道德经》从道的本源、修心、无为、养心、生死、福祸等方面进行多方位的最新解读，总结老子的智慧精华，领悟哲学道理，希望能够带着读者回归心灵的宁静，超脱现实社会的物欲、名利之诱惑，达到身心双修的境界，让生活更加幸福。

在形式上，本书对其中哲理性最强的原文进行解译，并通过古今中外一个个生动鲜活的小故事对老子的思想智慧进行深入浅出的讲解，以求增强可读性、趣味性，让读者能够更加深刻且形象地理解《道德经》中的精华，更好地指导自己的学习、工作和生活。

在编写此书的过程中，编者参考了很多近代学术著作和当代一些学者的论著与研究成果，特此表示感谢。由于编著者水平有限，难免出现遗漏和不足，敬请读者朋友们指正。

编著者

2015年9月

目录

第三章　见素抱朴，少私寡欲
——修心养性的智慧

第四章　无为而无不为
——无为而治的智慧

第五章　大直若屈，大巧若拙
——大智若愚的智慧

第六章　知人者智，自知者明
——知人自知的智慧

第九章 祸兮福之所倚，福兮祸之所伏
——福祸相依的智慧

第十章 死者天地之理，物之自然
——出生入死的智慧

第一章

道可道非常道，名可名非常名

——道法自然的智慧

依循正道，让宇宙的神秘力量引领你

原文

道可道，非常道；名可名，非常名。（《道德经·一章》）

意译

“道”是无法用言语清晰表达出来的，如果可以，那就不是我们所说的“大道”；“道”的形态和概念如果可以为其定名，那也就不可能是“道”永恒的形态与概念。

人生智慧

《老子》一书洋洋洒洒五千言，全书都是围绕“道”展开论述的，“道”是老子哲学的中心观念，他的整个哲学体系都是从其所预设的“道”中展开的。

《老子》书中第一章是关于道的总论：“道可道，非常道；名可名，非常名。”是说：道，（如果）是可以说出来的，（就）不是“常道”了。有一则小故事，讲的是五代时的一位宰相冯道请一位学识渊博的门客为其讲解《老子》，对于开篇的这句“道可道，非常道”，门客大伤脑筋。因为古代忌讳颇多，对于冯道的名讳，门客是要避讳的，无可奈何之中，门客在解释这句话时只好说：“不可说，不可说，非常不可说。”门客的无奈之举恰恰点出了道的本质——不可说。

为什么“道”不可说呢？《庄子》中有这样一则意味深远的故事，读来让人回味良久。

齐桓公在堂上读书，木匠在堂下做车轮。木匠停住手中的活问桓公：“您读的是什么？”

桓公漫不经心地说：“圣人之言。”

“圣人还活着吗？”

桓公说：“已经死了。”

“那么说您读的只是古人留下的糟粕了！”

桓公听了大怒，说道：“我在这里读书，你有什么资格说三道四？”

木匠不慌不忙地来到堂上，对齐桓公说：“我这道理是从做车轮中体会出来的。榫眼松了，省力而不坚固，紧了则半天敲打不进去。我可以让榫眼不松不紧，然后轻松地敲进去，我虽然说不出这松紧的尺寸，心里却是非常有数的。这个‘数’，无法传给我的儿子，儿子也无法从我这里继承下去。所以我都60岁了，还在这里为您做车轮子。圣人已经死了，他所悟出来的最深刻的道理也随着他的死亡而消失了，能够用语言表达出来的，只能是浅层次的道理。所以我说您读的书只不过是古人留下的糟粕罢了。”齐桓公听了若有所思。

可见，道，妙不可言，需要自己慢慢领悟，能说出来的，便已与大道有所偏差了。不说出来的道，是世间所存的那个道，说出来的道，就和原来意义上的道有了差别。如人的感觉，当我们不把它言说出来的时候，那个感觉是真正的感觉，当我们把它言说出来，那么这文字所描述的“感觉”和感觉本身就不一样了。可见，作为最根本意义上的道是不可言说的。

那么归根究底，究竟什么是道，恐怕只言片语难以讲清。老子认为“道”是一种看不到、听不见、抓不住的东西，恍恍惚惚，无形无状，混而有一。

“道”是天地万物运行的法则，是天地万物表现出来的一种基本品质。好像是万物的祖先，虽然看不到、听不到、摸不到，却“不死”，它无处无时不在，无处无时不起作用。道看来虚无缥缈，但是它却真实存在。它在自然万物和人事中展示、显现自己。“道”的法则包罗万象，适用于自然万物和人类社会。有些地方，“道”作为生产并决定世界万物的最高实在。当道以“本体”形态出现时，老子把它称为“万物之宗”；当“道”作用于社会人生时，它又体现出某种规律，这些规律可作为我们认识世界的重要参照和为人处世的准则。

书中所有的“道”字，符号形式虽然是统一的，但在不同章句的文字中，却具有不同的含义。而老子之所以给所谓的“道”一个固定的名称，只是为了表达的方便，姑且名之为“道”而已。正如每个人都有一个名字，而名字只是一个符号和象征，是人为意识的设定，“道”也是如此。

“道”可归纳为三个层次：理之道、物之道和人事之道。理之道是老子道的真正所指，既是万物产生的理由、原因，也是人事规则、准绳的依据，更是这些理由、原因、规则、准绳得以存在的依据和终极解释。物之道是指自然万物和人产生的原因，是理之道在宇宙万物产生中的作用；人事之道是人事中的规则、准绳，人事中所有反映人事之道的缘由，最终来自于理之道。理之道的道是总道，物之道和人事之道是总道分别在自然界和人类社会中的体现、作用。

这便是老子认为的“道”，莫可名状，只能心领神会。道就一个悟字，悟透了才是悟，否则就是误，做人做事，也是如此。如果过于执着于表面的形式，那么只会走进生活的误区。

顺其自然：对规律的忠诚和信守

原文

人法地，地法天，天法道，道法自然。（《道德经·二十五章》）

意译

人向大地取法，学习它的朴实厚德，地向天空取法，学习它的高明宽广，天向道取法，学习它的本源创生，道则向自然取法，遵从自然的规律而行事。

人生智慧

老子在《道德经》中说“道法自然”，而这“自然”要怎么理解？这里的自然其实就是我们所说的规律。老子认为，万物是按它自身运动、发展的规律运行的。

万物都要遵循自身的规律，要遵从“道”，那么我们要如何对待这些规律呢？老子认为最好的办法就是“顺其自然”，也就是对规律的忠诚和信守。

《庄子·养生主》中有一篇特别精彩的故事——《庖丁解牛》。故事说：

庖丁给文惠君宰杀牛，分解牛体手法干净利落，快速进刀时刷刷的声音，无不像美妙的音乐旋律。

文惠君便问："妙呀！你的技术怎么达到如此高超的地步呢？"

庖丁回答说："我摸索和掌握了事物的规律，所以比起一般的技术、技巧又进了一层。我开始分解牛体的时候，所看见的没有不是一头整牛的。几年之后，就不曾再看到整体的牛了。我依照牛体自然的生理结构，劈击肌肉骨骼间大的缝隙，把刀导向那些骨节间大的空处，顺着牛体的天然结构去解剖；从不曾碰撞过经络结聚的部位和骨肉紧密连接的地方，何况那些大骨头呢！优秀的庖丁一年更换一把刀；普通的庖丁一个月就更换一把刀；如今我使用的这把刀已经十九年了，所宰杀的牛上千头了，而刀刃锋利得就像刚在磨刀石上磨过一样。

在这个故事中，庖丁依照牛体天然的结构去解剖，就是"顺其自然"，遵从规律的表现，也就是老子所说的"道法自然"。

然而很多人都误解老子思想中的这种"顺其自然"是一种消极、厌世思想的体现，他们多认为这种"顺从"就是对自然的一种放任态度，这或许是他们依字面的意思而下的结论。

其实，老子的这种"顺其自然"的主张，是他基于对"贵天法真""与天为一"的概念的理解和认识的基础之上的。

他所讲究的是一种人与自然的和谐统一的境界，他反对人类把自己的意志强加给自然，对于自然的规律横加干涉和改变。他认为人为地改变自然，不仅无益，甚至会将自然之物置于死地。因此，老子强调指出，人类应当“辅万物之自然，而不敢为”。他崇尚人们都要“返璞归真”，而在“返璞归真”这四个字中，尤其以“璞”和“真”为重点。“璞”，是未经加工的自然材料，保存了客观事物的本来面目，没有任何虚伪造作，掩饰包装，这是一种自然之美；“真”，是假的对立面，是人类诚实美德的体现。真总是与善和美联系在一起，哪里有真，哪里就有善和美；同样，假总是同恶与丑联系在一起，哪里有假，哪里就有恶与丑。所以，追求纯真，从本质上说就是追求真善美的道德境界。

当今重新将老子的思想运用于重构人与自然界的和谐关系上可以发挥很大的作用。飞速发展的科学技术像一把“双刃剑”，一方面为创造人类的幸福提供了前所未有的动力；另一方面使人类掌握了可以毁灭地球上一切生命的动力。现代工业文明的最大负面效应就是环境与生态恶化的问题，它不仅严重制约着经济的进一步发展，而且越来越明显地威胁着人类的生存。如何才能使人类与自然界出现“双赢”的状态，是人们日益关注的话题，而老子的“清静无为”的思想在此领域被越来越多的人重视。这个思想对于我们解决今天的环境与生态问题，重建人类与自然的和谐关系，无疑具有深刻的启迪。

老子追求自然无为的人生境界，反对利欲观和人为因素对人的天性和物的本性的扼杀，表达了对人的生存本身的深切关注，追求自然无为的生存境界，主张天、地、人都统一于自然而然的道。人的生存并不是一种现成的目的，不能仅靠外在手段维持住。生存本身是一个自然的进程，有其顺其自然的构成态势，生存之道才是终极之道。老子也主张“小国寡民”“见素抱朴”的自然无为思想，并不是让人类退回到原始社会状态，只是强调一种自然的生存境界，这个境界就是“天人合一”的境界。

因此，我们要像老子所说的“法自然”，顺应自然法则无妄为，不改变自然界的生活规律，这样我们的生活会变得更加轻松、美好。

顺势而为，善用“曲线”

原文

曲则全，枉则直，洼则盈，敝则新，少则得，多则惑。（《道德经·二十二章》）

意译

遇到强大的外力压迫时，始终保持硬直容易损毁，而选择弯曲才能保全自己，委屈自己后才能再次伸展；低洼的地方反而能够积攒满满的水，东西过于陈旧则会被人翻新或者更新；想要完成的目标少一点，反而容易完成和收获更多；而追求太多的人最终往往被自己选定的多个目标所迷惑，不清楚自己真正想要的，不清楚真正能够得到的，最终往往一无所获。

人生智慧

“曲则全，枉则直，洼则盈，敝则新，少则得，多则惑。”这是老子哲学，也是道家哲学的基本原则。老子寥寥数语便将为人处世与自利利人之道点出：委屈反而能保全，弯曲到一定程度就会伸直，低洼之处反能充盈，凋敝到一定程度就会更新，少取就能实得，贪多就会迷惑。不自我表现，反而更突显。

为人处世，必须善于“曲线以达目的”，只此一转，便可化腐朽为神奇。以言谈为例，善于言辞之人，讲话婉转而圆满，既可达到目的，又能彼此无事。不过善用曲线，也必须坚持直道而行的原则，不然会沦为奸猾。

那么要如何处理“曲直”之间的关系？下面这个小故事就是个很好的例子。

春秋时期，鲁国人宓子贱曾在鲁国朝廷做官。一次，鲁君派他去治理一个名叫亶父的地方。他受命时心中久久难以平静，担心到地方上做官，离国君甚远，容易遭到自己政治上的夙敌和官场小人的诽谤。众口铄金，积毁销骨，假如鲁君偏信谗言，自己的政治抱负岂不是会落空？因此，他在临行时想好了一个计策。

宓子贱向鲁君要了两名副官，以备日后施用计谋之用。他风尘仆仆地来到亶父，该地的大小官吏都前往拜见，宓子贱叫两个副官拿记事簿把参拜官员的名字登记下来，这两人遵命而行。当两个副官提笔书写来者姓名的时候，宓子贱却在一旁不断地用手去拉扯他们的胳膊肘儿，使两人写的字一塌糊涂，不成样子。等前来贺拜的人已经云集殿堂，宓子贱突然举起副官写得乱糟糟的名册，当众把他们狠狠地鄙薄、训斥了一顿。宓子贱故意滋事的做法使满堂官员感到莫名其妙、啼笑皆非。两个副官受了冤屈、侮辱，心里非常恼怒。事后，他们向宓子贱递交了辞呈。宓子贱不仅没有挽留他们，而且火上浇油地说：“你们写不好字还不算大事，这次你们回去，一路上可要当心，如果你们走起路来也像写字一样不成体统，那就会出更大的乱子！”

两个副官回去以后，满腹怨恨地向鲁君汇报了宓子贱在亶父的所为。他们以为鲁君听了这些话会向宓子贱发难，从而可以解一解自己心头的积怨。然而这两人没有料想到鲁君竟然负疚地叹息道：“这件事既不是你们的错，也不能怪罪宓子贱，他是故意做给我看的。过去他在朝廷为官的时候，经常发表一些有益于国家的政见，可是我左右的近臣往往设置人为的障碍，以阻挠其政治主张的实现。你们在亶父写字时，宓子贱有意掣肘的做法实际上是一种隐喻。他在提醒我今后执政时要警惕那些专权乱谏的臣属，不要因轻信他们而把国家的大事办糟了。若不是你们及时回来禀报，恐怕今后我还会犯更多类似的错误。”鲁君说罢，立即派其亲信去亶父。这个钦差大臣见了宓子贱以后，说道：“鲁君让我转告你，从今以后，亶父再不归他管辖。这里全权交给你。凡是有益于亶父发展的事，你可以自主决断。你每隔5年向鲁君通报一次就行了。”宓子贱在鲁君的开明许诺下，排除了强权干扰，在亶父实现了多年梦寐以求的政治抱负。

宓子贱没有直言进谏，而是用一个自编自演、一识即破的闹剧，让鲁君意识到了奸诈隐蔽的言行对志士仁人报国之志的危害，可谓用心良苦。

世界上最短的距离，不是直线的距离而是曲线的距离，因为它以一种婉转美妙、让人能欣然接受的方式，将隔着一堵墙的两个点连接了起来。曲直之间，运用之妙，存乎一心。一个人做人做事，无论大事小事，一定要把握住道家的精神——“曲全”“枉直”“洼盈”“敝新”这几种人生的艺术，才能将自己一生的生活、事业前途，处理得平安有序。

和谐共生，才能达到生命的最佳状态

原文

万物负阴而抱阳，冲气以为和。（《道德经·四十二章》）

意译

万物背阴而向阳，阴阳二气互相冲融产生和气。

人生智慧

从构建和谐社会、和谐人生的角度讲，我们不妨多学点老子的哲学，懂一点老子的和谐智慧。现在人们的心态普遍比较浮躁，在这样的情况下多学点老子的智慧，有助于保持一种洒脱虚静、平和健康的心态。

那么，老子眼中的"和谐"是什么呢？我们要先从"道"说起。"道"是老子哲学的最高范畴，而和谐，是"道"的必然衍生物。求和谐，必守"道"；循"道"，必生和谐。老子认为，道是本原，道生万物，它包容一切，统摄一切，一切事物统一于道。道就是事物的和谐统一关系，道就是和谐，和谐是道的基本特征。

而和谐的最基本表现便是自然界的和谐。老子认为生态是整个世界的重要组成部分，生物来源于自然，人也来源于自然，人和生物必须在自然给予的条件下求得生存。生态系统遵循道所固有的规律运动，循环往复，周而复始，生生不息。生态变化的动力来自它的内部，“万物负阴而抱阳，冲气以为和”，阴阳的相互作用是生态变化的内在动力。

老子认为，大自然有自己的平衡法则，也就是和谐法则。他指出，自然法则就像上弓弦，高了压低它，低了升高它。有余的加以减少，不足的加以添补。所以自然法则是减少有余而补充不足，这就是自然的平衡法则。

道使生态系统自然趋向平衡。这种平衡是自然本身的动态平衡，不是神或上帝的力量促成的。人与万物都是道缔造的，都遵循着道的规律。自然的协同、稳定与和谐给予人的启示是：人与自然应该保持和谐一致，同时也要维护自然的稳定与和谐，特别是维护生态平衡。美国著名学者卡普拉对道家的这一思想给予高度评价，他说：“道家提供了最深刻并且最完善的生态智慧，它强调在自然的循环过程中，个人和社会的一切现象以及两者潜在的一致。”老子强调，天道自然无为，人道应顺从天道，唯道是从，自觉地维护生态平衡。道家反对禁欲，也反对纵欲，纵欲不仅危害自己的健康，还会败坏社会风气。

老子眼中的和谐，还包含了许多的辩证法思想，提出辩证法的“和谐规律”。他认为自然和社会中存在矛盾，诸如：福与祸，正与奇，它们共处于一个统一体中，互为存在条件，相互依赖、相互依存、相互渗透，并在一定条件下相互转化。这种相互包含、相互依存的关系是一种对成的关系，所谓对成就是相反相成的意思，也就是和谐关系。老子主张矛盾双方相互依存，和谐共处，保持事物的稳定性。

“和谐”在人的生活中具体有哪些表现呢？

于治国，老子主张治国切忌朝令夕改，这和我们提倡稳定是一脉相承的。

于家庭，家庭是社会的细胞，和谐家庭是和谐社会的基础。而对于和谐家庭的建设，老子亦有极精辟的论述。老子主张“安其家，守其雌”，男女之间应该有适当的分工。做妻子的有妻子的责任义务，做丈夫的有丈夫的责任义务。如果我们果真做到，则家庭和睦、社会亲善，真可谓其乐融融了。

于个人，老子提倡有所为，有所不为。做事应该因时、因地、因人而行。老子又说“无为而无不为”，有些事只有“无为”，才能使更多的事“无不为”，这对于那些急功近利、好大喜功之徒是很好的告诫。

我们生活的世界是圆的，从某种意义上说，圆代表的就是和谐。当然，和谐社会的建设非一朝一夕之功，它是一个长期的过程，因此要从小事做起，从眼下做起。从一点一滴的小事做起，积小胜为大成功，这应是我们构建和谐社会、和谐人生的必然过程。

纯净无杂，做一块拒绝雕琢的“原木”

原文

故令有所属：见素抱朴，少私寡欲，绝学无忧。（《道德经·十九章》）

意译

所以，要让人民的思想有所归属：保持纯洁朴实的本性，减少心中不该有的杂念和欲望，摒弃看似聪明的智慧、大度的仁义和浮于表面的文化，这样就能避免心生忧患。

人生智慧

见素抱朴正是圣人超凡脱俗的生命情操，佳质深藏，光华内敛，一切本自天成，没有后天人工的刻意造作。这是老子所主张和倡导的做人之道。

质朴是这个世界的本色，没有一点功利色彩，就像花儿的绽放，树枝的摇曳，蟋蟀的轻唱。它们听凭内心的召唤，是本性使然，没有特别的理由。其实社会与环境不足以真正地决定一个人的人生。每一个人都要有独立的修养，不受外界环境影响，即使饱受挫折，也应该永远保持一颗光明磊落、纯洁质朴的心，这才是做人的最高修养。

当然，人的一生难免会有许多欲望和追求。追求真理，追求理想的生活，追求刻骨铭心的爱情，追求金钱，追求名誉和地位。有追求就会有收获，我们会在不知不觉中拥有很多，有些是我们必需的，而有些却是完全用不着的。那些用不着的东西，除了满足我们的虚荣心外，还会将我们的心灵弄得烦躁不安。就好像带着背包去旅行，装的东西越多，自己的脚步就会越沉重。所以，与其让自己在疲惫与痛苦中前行，还不如放下各种各样的包袱，做最简单的自己。一切都发乎于心地去生活、做事，如此一来生命也会变得更加轻松和精彩，最起码对自己来说是如此。

人们需要抛弃自己引以为傲的聪明机巧，抛弃自私自利的贪图之心，如果人人皆能如此，便不会有作奸犯科的盗贼，也便因此而进入“见素抱朴”的人生至境。

战国时期，孙膑和庞涓都是风云人物，但相较之下，孙膑比庞涓要更胜一筹，其中的原因，也与“见素抱朴”的境界有关。从下面的故事中，我们可以深入地了解这一点。

有一天，鬼谷子对孙膑和庞涓说：“从今天开始，我坐在屋里三天不动，谁能想办法把我请出去，谁就坐在我的位子上！”

庞涓说：“这还不好办？”他到外边转了一圈说：“老师，山下来了一伙强盗，要占山为王，快去看看吧。”

鬼谷子说：“这里是不毛之地，强盗来此何干？真如此，你就用兵法制伏他们吧！”

隔了一天，庞涓慌慌张张又找老师说：“老师，大事不好，咱们的柴草垛被人点着了，你看看吧！”

鬼谷子探身一看，果见大门外浓烟滚滚，便把桌子一拍说："大胆顽徒，没有本事请我出去，竟将柴草点着，命你速去扑火！"无奈，庞涓只好前去救火。

又隔了一夜，庞涓手持一封信说："老师，有人送信，说师爷去世，要你速回家奔丧，来人正在山下等你。"

鬼谷子喝道："狂徒，老爷子早已去世，为何满嘴喷粪？"庞涓三次请师出门均未成功，垂头丧气走出宅院。

第三日下午，天将黄昏，孙膑才睡意未消地来见老师，说："老师，请你出屋难，把你请进屋可不难。"鬼谷子说："一样难！"孙膑摇头："我不信！"鬼谷子说："走！"

说着师徒二人来到院中。孙膑跪拜说："老师，我总算把你请出来了。"

自此，鬼谷子果然站着讲课，让孙膑坐在了老师的位置上。

这个故事中，孙膑和庞涓运用了不同的方法，但庞涓藏着机巧之心，一次又一次拙劣的伎俩让老师反感，从而失去了成功的机会，而孙膑所讲的话自然而然，听不出半点欺诈的味道，所以，鬼谷子相信了他，他也便请出了老师。

孔子在《论语》中说，"素"如一张白纸，毫不沾染任何颜色，人的思想观念要随时保持纯净无杂，即佛家禅宗所说"不思善，不思恶"。生活在世事纷扰的世界里，尔虞我诈让我们多了一些虚伪，钩心斗角让我们多了一些狡诈，世态炎凉让我们多了一些冷漠。人之所以苍老是由于受一切外界环境和自己情绪变化的影响，而心地胸襟，应该随时怀抱原始天然的朴素，以此态度来待人接物，处理事务。个人拥有这种修养，人生一世便是最大的幸福；如果人人秉有这种生活态度，天下自然太平和谐。

大道为何？至公就是至私

原文

天地所以能长且久者，以其不自生，故能长生。（《道德经·七章》）

意译

天与地能够长久地存在的原因，在于它们不求自己的生存，所以反而能够获得更长久的生存。

人生智慧

老子说天地之所以能够长久存在，是因为其“不自生”“故能长生”。天地自然而生，不为万物，不为人。天地的“不自生”，正是天地极其自私的道理。在这里老子所要表现的是天地的“极私”，同时也是天地的“至公”。

从万物个体的小生命来看，生死仿佛极为不幸之事，但从天地长生的本位来说，生生死死，只是万物表层的变相。万物与天地本来便是一个同体的生命，万物的生死只是表层现象的两头，天地能生能死的功能，并没有随生死的变相而消灭，它本来便是一个整体的大我，无形无相，生而不生，真若永恒似地存在着。

只身存天下，将己身与天下融为一体，是对自身最好的安排。

北宋范仲淹曾挥毫撰写了千古传诵的《岳阳楼记》，不以物喜，不以己悲，情感不轻易地随景而迁。升官发财之日，不会得意忘形；遭厄受穷之时，也不致愁眉紧锁。身居高职，能为民解忧；一旦流离江湖，依旧心系万民。在位也忧，离职也忧。如要问：似这般无日不忧，几时才是一乐？只道“先天下之忧而忧，后天下之乐而乐！”这两句话，概括了范仲淹一生所追求的为人准则，是他忧国忧民思想的高度概括。

从青年时代开始，范仲淹就立志做一个有益于天下的人。为官数十载，他在朝廷犯颜直谏，不怕因此获罪。他发动了庆历新政，这一政治改革，触及北宋的政治、经济、军事制度的各个方面，虽然由于守旧势力的反对，改革失败，但范仲淹主持的这次新政却开创了北宋士大夫议政的风气，传播了改革思想，成为王安石熙宁变法的前奏。

他在地方上每到一处，便兴修水利、培养人才、保土安民，政绩斐然，真正做到了为官一任，造福一方。在生活上，他治家严谨，俭朴持家，衣食不华，只为温饱，直到晚年，也没建造一座像样的宅第。然而，他却乐善好施，待人亲热敦厚，乐于义助他人，当时的贤士，很多是在他的教导和荐拔下成长起来的。即使是乡野和街巷的平民百姓，也都能叫出他的名字。在他离任时，百姓拦住传旨使臣的路，要求朝廷让范仲淹继续留任。

文正公死后，朝野上下一致哀痛，甚至西夏、甘、凉等地的少数民族，也都聚众举哀，连日斋戒。凡是他从政过的地方，老百姓纷纷为他建祠画像，数百族人来到祠堂，像死去父亲一样痛哭哀悼。

看来范仲淹的一生好像错过了许多，如荣华富贵，如功名利禄，其实他表面错过的都是实际收获的，正是“了却君王天下事，赢得生前身后名”。

许多大公无私之人表面上看似因为无私而失去了许多，殊不知，他们为此得到的却更为丰裕。如果推开历史，走进生活之中，我们同样会发现，如果不将自己局限在一个狭小自私的位置，获得的将会更多。

在人生的大道上，总会遇到许多公与私之间的艰难抉择，但我们或许不知道，生命的旅程中，有时救助别人，恰恰是自我的救赎。

至公便是至私。从另一个角度看，好比两个结伴登山的人，突然遇到寒冷的天气，加上饥饿疲惫，使得其中一人不支倒地。另外一个虽然也累得难以支持，但是为了救自己的朋友，拼全力终于把朋友背下了山。而也正因为他背负一个人，使自己充分运动，才免于被冻死。如果助人者当时没有救人之心，只一味顾及一己私利，最终二人都可能难逃冻死的厄运，细想，正是这大公无私的举动拯救了自己。

得道的圣人如果能够效法天地的法则立身处世，去掉自我人为的自私，把自我人为的身心，看成是外物一样，便真正摒却了私心。只要奋不顾身，为义所当为的需要而努力去做，那么，虽然看似把自身的利益置于最后，其实恰好是一路领先，光耀千古，看来虽然是外忘此身而不顾自己，其实是做出了一个身存天下的最好安排。也就是道家所倡导的“是以圣人后其身而身先，外其身而身存，非以其无私邪？故能成其私。”的做人道理。

向老子学习掌握平衡之道

原文

是以圣人去甚，去奢，去泰。（《道德经·二十九章》）

意译

因此，圣人要除去那种极端的、奢侈的、过度的措施和法度。

人生智慧

一个人的一生要想幸福地度过，需要学会平衡。

可是我们生活在一个矛盾的世界。矛盾无时不有，无处不在，无孔不入。诗人北岛用了一个字——网，来形容这个矛盾的世界，已将生活之纷繁芜杂，生活之千头万绪，生活之你你我我尽数涵盖其中。在千丝万缕的生活中，何以保持千丝万缕之间的清醒和平衡，这是每个生活中的人都面临的问题。是的，生活就是一张网，必须踩在生活的平衡木上，我们才能幸福。

老子认为矛盾双方的对立和冲突必然发展为和谐与统一。

他指出阴与阳是矛盾的两个方面，它普遍存在于万物之中，矛盾是普遍存在的，没有矛盾的事物是不存在的。矛盾双方相互排斥、相互作用使事物达到和谐与统一，矛盾的不平衡和对立状态，是事物实现和谐与统一的内在动力。

老子还提出了和谐的原则，即适度原则。和谐就是适度，适中，达到一个平衡点，一个最佳状态。他认为凡事都要适度，不要过分。过分吝惜，一定会造成巨大的耗费，过多保藏一定会造成巨大的损失。人们要“知足”“知止”，知道满足的人不会受辱，懂得适可而止的人，不会有危险，这样的人可以长泰永存。

老子的适度原则其实和现代辩证法的主张是一致的。现代辩证法也讲适度原则，度是质的数量界限，凡事都有个度，超过了一定限度，事物的质的稳定性就会被破坏，事物的性质就会发生变化。要保持事物的质的稳定性，就要坚持适度原则，使量变限制在一定的限度内，做到无过无不及。

老子强调“去甚、去奢、去泰”的道理，并用了一些隐喻论述他的观点，他说，天下万物，有的在前面行走，有的在后面跟随，有的送暖气，有的吹冷风，有的强壮，有的羸弱，有的得胜，有的失败。当时，大小诸侯就是这样，你争我夺，争战不已。

他最后得出结论，从政者要戒除走极端，戒除奢侈，戒除过分。这是老子的“中庸”思想，其要旨是不要走极端，不要奢侈，不要过分，核心是不要走极端（去甚）。有人说，老子的思想意在取消矛盾或消解矛盾，这是不公正的。老子是提出一种解决矛盾的方法，这种方法可以避免矛盾的激化和转化，保持事物的相对稳定。解决矛盾不是只有一种方法，即促使矛盾激化，实现矛盾的转化的方法。这要看是什么矛盾。解决“甚、奢、泰”这样的问题，不必等激化了再着手解决，那样就麻烦了。当然去甚、去奢、去泰之后，还是存在矛盾的，虽然老子没有谈及，也是不言而喻的。因此说，他并没有取消矛盾或消解矛盾。

老子的中庸思想有其合理性，过去批判中庸思想是走了极端。中庸作为文化心理现象已成为我们民族性格的组成部分，作为传统思维方式也一直影响着一代一代的中国人。我们常用“太极端了”“太奢侈了”“太过分了”等说法描绘某人的不良行为，这说明中庸思想是深入人心的。“去甚”是正确的，极端是偏离中道的，不代表事物的主流和发展趋势。事物普遍具有中心和两端三部分，不论从空间角度看，还是从时间角度看，都是这样。极是中心，也叫中极，两端本来就是端，前边加个“极”字，可能是说，这个“端”是属于“极”的。总之，偏离中心，离开轨道，就会走入歧途。

如何判断自己的生活是否失衡了呢？要知道你的生活状态是否平衡，有一个十分简便易行的测验方法，那就是问问你自己怎样看待“工作”。假如你觉得自己没有什么工作，但你又确实在赚钱养活自己，而且每天的空闲时间又不太多，那么你的生活可能就是平衡的。抑郁症专家汉斯·塞尔耶说：“如果你做的是自己喜欢的事，那么你其实并不是在工作。你的工作就是娱乐。”

假如你每天都不得不去“工作”，那么你的生活一定会有一些缺憾。但假如你每天都在玩，那么你就是生活的成功者。如果是前者，你每天都在与自己作斗争；而如果是后者，你就是在享受自己做的事，你与自己达到了和谐统一。

停下疲惫的脚步，用心感受生活

原文

小国寡民。使有什伯之器而不用，使民重死而不远徙。虽有舟舆，无所乘之；虽有甲兵，无所陈之。使民复结绳而用之。

甘其食，美其服，安其居，乐其俗。邻国相望，鸡犬之声相闻，民至老死，不相往来。（《道德经·八十章》）

意译

使国家小一点，使百姓的数量少一点。即使拥有种类繁多的器具也不愿使用，同时让百姓爱惜生命而不会往远处迁徙。虽然有船只、车辆，却没有必要乘坐；虽然有兵甲武器，却没有机会使用，使百姓恢复到结绳记事的境况。

百姓都认为自己的食物丰盛甜美，同时都认为自己的衣服锦绣华丽，认为自己的居所安全舒适，认为自己的风俗习惯非常享受。毗邻的国家互相可以看到对方，鸡鸣狗叫都可以互相听见，而百姓直到衰老死亡，互相都不会随意往来。

人生智慧

《道德经》书中曾向人们展示了一个著名的小国寡民的世界。“小国寡民。使有什伯之器而不用。使民重死而不远徙。虽有舟舆，无所乘之。虽有甲兵，无所陈之。使民复结绳而用之。甘其食，美其服，安其居，乐其俗。邻国相望，鸡犬之声相闻。民至老死，不相往来。”

在今天，老子所描绘的这幅简单朴素的民俗画卷，我们是再也无法去体会了。现代人的生活，行有高速公路，食有快餐鸡腿，说有疯狂英语，聊的是中西合璧的语言，用的是畅通无阻的电子邮件。我们终日忙碌于城市之间，有形无形中总是活在不断增加的心绪和欲望中，或许原本是想过简单朴素的生活，谁知，事情的演变却不由着自己的本意，而是随着现实的驳杂。我们只顾在这流失般繁忙的世界里匆匆赶路，却忘记了生活的真正意义。

一个商人在卖一种止渴丸。

“您好。”小王子上前说。

“您好。”商人说，“一个星期吃一颗止渴丸，那么你一个星期内就不用喝水了。”

“为什么你要卖这种药？”小王子问。

“它可以帮助人们节省很多时间。”商人说，“专家已经计算过了，一个星期吃一颗药丸，他们可以省出53分钟来。”

“那么53分钟用来做些什么呢？”

“随便他们做什么……”

“如果我有53分钟的空闲。”小王子说，“我就会悠闲地逛到清冽的泉边。”

这是一则童话式的寓言，小王子单纯而宝贵的心，在现代社会，已经是千金难求了。我们拼命地提速自己的生活与工作，却忽略了加快速度终究仍然会达到极限，即便我们省出口渴的时间，我们堆积如山的工作也永远处理不完。所以，在这个飞速运转的社会，重要的不是我们如何快速运转，而是协调好工作的时间限度和生命的时间节奏，也就是在“慢”与“快”之间实现平衡。

人生就像登山，不是为了登山而登山，而应着重于攀登中的观赏、感受与互动，如果忽略了沿途风光，也就体会不到其中的乐趣。人们最美的理想、最大的愿望便是过上幸福生活，而幸福生活是一个过程，不是忙碌一生后才能到达的一个顶点。

古往今来，在时间的利用上人类表现得异常谦逊，并经常陷入深深的自责：永远检讨自己的不够努力，以致光阴虚度。整整12个月、365个日日夜夜，都干了些什么？总觉得应该做更多的事，走更长的路，赚到更多的钱，但可惜都没有做到。

过去几日甚至数月才能了结的工作，现在只须轻敲键盘，用手机拨个电话，开车跑一趟即可完成。但脚步迅捷，心情并不轻松。我们只顾匆匆赶路，而忘记了生活的真正意义，在高速度中失去了享受的权利。

在繁忙的生活中，我们忘了停下脚步来考虑这个根本的问题，我们中的很多人都在忙着用生命去赚钱，却很少有人去规划一个值得拥有的生命。

当我们一个人静下来的时候，你有没有问过自己：“每天忙来忙去，我到底在忙什么？我真正追求的是什么？”研究发现，约有93%的人不清楚自己的价值观是什么，他们不知道自已忙来忙去究竟要到哪里去，如同水面上的浮萍一样，糊里糊涂地过了一生。他们的生活可以用三个字来概括——忙、盲、茫。

有这样一幅画，画面上是繁忙的街道，高速的车流，每个人脸上都露出忙碌的表情。在这一繁忙景象中，有一个人弯着腰，样子很失望。他在街道上逆行。这个孤独的人下面有一行字："寻找昨天。"许多人都像这个弯腰的人一样把精力耗费了，老是想着过去犯过的错误和失去的机会，欷歔不已，又或者有的人总是空想未来。其实，这两种心境才是对时间的浪费，正是与养生这一目的背道而驰。忙忙碌碌的一生，却忘了真正地去活，这是人生最大的悲哀。

所以，当我们为现实疲于奔命时，不如停下来，问自己：如果多出53分钟，该用它来做什么呢？

善利万物而不争

——上善若水的智慧

善利万物而不争，不争胜者天下无敌

原文

上善若水。水善利万物而不争，处众人之所恶，故几于道。（《道德经·八章》）

意译

最高的品德和修养（亦指拥有最高品德和修养的人）就如同水一样。水善于滋养、利于万物而不与万物相争，身处众人都不愿意居住生活的地方，所以水的这种境界已经很接近于“道”了。

人生智慧

老子认为，人类的一切罪恶、一切痛苦，无不起源于人与人的相互争斗。人生在世，争的是什么？无非是争两样东西，一是争气，一是争利。争气，值得，但不可太盛；争利，不值得，也为人瞧不起。古人说：“处利让利，处名让名。”名也好，利也罢，一切都不过是身外之物，生不带来，死不带走，索性就做个“赤条条来去无牵挂”的好汉，该有多潇洒。

然而太多的人为了实现各种人生目的，为了一己私利，不择手段，相互争斗，结果酿出了不少悲剧。在一个充满竞争的社会中，人们看重结果而忽略过程，以成败论英雄。尤其是青少年渴望成为强者，害怕失败。一些人做事过分强求，不从自己的实际出发，一味追求成功，总是强求硬干、强作妄为。越来越多的青少年感到身心疲惫，精力不足，心情焦躁，思想不集中，健忘。

因此老子提出了“不争”。在老子看来，最好的人应该像水一样：水滋润万物而不同万物相争，处在人人都厌恶的低下地方，所以水与道最接近。立身处世就要像水那样安于卑下，甘于居后，心胸保持深沉，待人仁慈，做事随顺天时。

争强好胜的人正因为其“争”，所以必然成为众人的眼中之钉、肉中之刺，从而遭到众人的非议、毁谤、嫉妒、攻击和陷害，常常导致失败。不争者处于卑下的地位，不会引人注意，可以避开世俗的各种是非、争吵和纠纷，过着安静怡然的生活，反而是一种胜利。历史上的不少想出人头地称雄天下的人，结果非常悲惨；而一些从不争强好胜之人因力量弱小，遇事不先，结果延年益寿。《庄子·山木》中的“意怠鸟”就很能说明这个道理：有一种名叫“意怠”的鸟，总是挤在鸟群中苟生，飞行时不敢在前边，也不敢在后边；饮食不争先，只拣残剩食物，所以它既不受鸟群以外的东西伤害，也不引起鸟群中的排斥，保身远祸。

清初，常熟三峰寺诗僧檗庵为虞山钱湘灵老人撰一对联曰：名满天下不曾出户一步；言满天下不曾出口一字。不怒自威，不言自重，不名自名，不争乃争，这是一种高级的生命感悟，又是一种大智若愚的生活方式，是对道家文化的深层体验和悟解，与西方那种以张扬自我、表现自我为中心的文化主旨迥然有别。

我们不难看出，老子所说的“不争”是不争功名利禄，不争高下，不争是非等。这种“不争”，并不是一种自我放弃，也不是逃离社会或遁入山林。他的“不争”观念，乃是为了消除人类争端而提出的。他仍要求人去“为”，而是所“为”要像水一样能“利万物”，但所得来的成果，却不据为己有，更不居功自夸。老子忍辱负重的处世哲学，对于社会中的弱势群体是一种安慰。

随着社会的不断进步和发展，生存竞争也日益激烈，我们看待问题的眼光也在不断地变化和更新，一方面我们要做个“不争”的谦下君子，另一方面也要提倡当仁不让。有竞争意识的人都很善于利用各种机会，毛遂自荐、自我推销，这就是当仁不让。当仁不让，不是空口白话，在当仁不让时，也需要策略化、艺术化。这就是道家真正的不争智慧，不争则已，争则胜之。

所以说“不争”是做人修身的原则之一，不争乃争正是竞争的最上乘境界。为人不可气太盛，道家倡导“不争”的是“谦德”。天地宇宙对于谦下者总是采取保护措施的，而不是“丰有余损不足”。所谓“争则不足，让则有余”就是谦让的好处。如果大家都能做到“不争”，在条件、名额、好处有限的情况下，事情就好办得多。所以说，做人超脱一点，心胸开阔些，甚至甘愿承认自己是弱者，对自己并没有实质的损失，还能使自己避免无谓的争斗，反而能在最重要的时刻取得胜利。所以，善争者要做到“不争”，唯有善于不争的人才争得最后的胜出。

水的智慧：水性至柔，柔能胜刚

原文

天下莫柔弱于水，而攻坚强者莫之能胜，以其无以易之。

弱之胜强，柔之胜刚，天下莫不知，莫能行。（《道德经·七十八章》）

意译

世间没有什么事物的柔弱能超过水，但是成功地冲击坚韧的东西也没有什么能够胜过水，因为水是任何物质都无法取代的。

弱小能够战胜强大，而柔弱能够战胜刚强，天下没有人不知道这个道理，但真正施行起来也没有人能做到。

人生智慧

道家主张守柔无为，因为柔弱的东西会变通，它善于改变自己，这就是柔弱胜刚强的道理。柔能克刚，可以说是自然界的一条重要法则，而老子哲学则是对这一条法则的高度概括。

在老子看来，世间没有比水更柔弱的，然而攻击坚强的东西，没有能胜过水的东西。水性至柔，却无坚不摧，正如民间谚语所云“水滴石穿”。的确，点点滴滴的雨水，经过长年累月可以把一块巨石穿破；水奔流起来不可遏止，无形无状不可把握。剑刺不能伤害它，棒击无法打碎它。刀斩不会断，火烧不能燃。锋利无比，可以磨灭金石；强健至极，可以承载舟船。水为什么能够具有如此大的威力？因为它柔软润滑，所以能够出于无有，入于无间，攻坚克强，无可匹敌。弱而胜强，柔而克刚。

当然，这里老子所谓的“柔弱”，并不是通常所说的软弱无力的意思，而是有着坚定的信念，柔和灵活的处事方法。这一点，我们从老子那段“齿与舌”的故事里能了解得更多。

老子的老师常枞得了重病，自知将不久于人世。老子匆匆赶来问候老师。他先询问了老师的病情，然后对老师说：“先生的病确实很重了，有什么教导要嘱咐弟子的吗？”

常枞张开嘴给老子看，说：“我的舌头在吗？”

老子说：“在。”

常枞又说：“我的牙齿还在吗？”

老子说：“不在了。”

常枞说：“你知道这是什么道理吗？”

老子说：“舌存而齿亡，这是说刚强的东西已经消亡了，而柔弱的东西还存在。”

满齿不存，舌头犹在，无为而作，才能完成应当所为之事。人活着的时候，身体柔软脆弱，死后尸体就变得僵硬坚挺。草木活着的时候，又柔又软，一死就变得枯槁坚硬。因此，刚强的东西是走向死亡的东西，柔弱的东西是生机勃勃的东西。军队太强大，容易被消灭；树木太坚硬，容易被吹折。两国相争，弱国胜；两仇争利，柔者得。皮革太坚固，容易破裂；牙齿比舌头硬，所以先消亡。坚强的东西能胜不如自己的东西，柔弱的东西则克超过自己的东西。所以强大的东西处于劣势，柔弱的东西居于上风。积弱可以为强，积柔也就变成刚。欲刚必以柔守之，欲强必以弱保之。

历史上像老子一样懂得柔弱清净的人物代不乏人，如清朝的曾国藩在为官方面，便悟到了恪守“清静无为”的思想。曾国藩初到江西为官时，准备重建水师，可是困难重重，巡抚陈启迈百般刁难，曾国藩心中难平怨气，于是上奏朝廷，陈启迈便遭到革职查办。可是，事情并没有完，曾国藩依旧难以施展抱负，因为新上任的巡抚文俊依旧不断地找曾国藩的麻烦，甚至比陈启迈还要过分。无奈之下，曾国藩只得离开了江西官场，回家丁忧守制一年。就是在这一年的时间里，曾国藩对自己的遭遇进行了反思和总结：与其和别人硬碰硬，不如处处与人为善，该弱时便示弱，该顺应便顺应，只要在原则上不违背，为人处世少一些棱角，圆滑一些，多一些韧性未尝不是好事！此后，曾国藩在仕途上果然顺风顺水地得以大展拳脚。

这正是老庄“柔弱胜刚强”的处世之道，为人处事若太过强硬，盛气凌人，做事便难以成功，容易为自己树敌；如果能够刚柔并济，柔中带刚，则做事常常能事半功倍，也会为自己交下许多朋友，何乐而不为呢？因此，做人要如水般柔和、灵活、圆融且有韧性，这才是大智慧，只有这样，才能使自己更长久地生存下去，并开创出一番事业。

如水般灵活应变，活出一种你不知道的状态

原文

居善地，心善渊，与善仁，言善信，政善治，事善能，动善时。（《道德经·八章》）

意译

居住时选择卑下的地方，心胸则如深谷一般沉静广阔，与人相交时保持一颗仁爱的心，对于自己说出的话能够恪守信用，从政则能够将国家管理得井井有条，处事的时候善于发挥自己的长处来解决难题，行动时则善于把握有利的时机。

人生智慧

老子非常崇尚“水”，因为水在天地间最为灵活，在天为雾露，在地为源泉也。众人恶卑湿垢浊，水独静流居之也。水性几于道同。水性善喜于地，草木之上即流而下，有似于牝动而下人也。水深空虚，渊深清明。万物得水以生，与虚不与盈也。水内影照形，不失其情也。无有不洗，清且平也。能方能圆，曲直随形。夏散冬凝，应期而动，不失天时。

当今社会瞬息万变，深处其中的人，如果只知道墨守成规、只认死理是无论如何都行不通的。所以我们必须用一种发展变化的眼光和思维来对待生活中的万事万物。顺应外界的变化而变化，审时度势，顺势而变。讲究变通与应变，并不是要我们奴颜婢膝，而是要我们在处理事情的时候，要变通，要想办法保全自己，要在关键时刻能灵机一动，这是一种本事。

我们中国人做事历来比较讲究方法。尧舜传位，很值得品评，人们常认为尧子丹朱不肖，尧发明围棋来训练其子思维的缜密，结果一无所获，于是放弃了传位于子的念头，将自己的位子传给了舜。后来历史学家认为帝尧真是高明，他传位于舜，是政治上最高尚的道德，同时也是保全自己后代子孙的最高办法。后人甚至有此推测，当时由丹朱即位做了皇帝的话，也许可能是作威作福，反而变成非常坏、非常残暴，那么尧的后代子孙，也可能会遭受灾殃。他把天下传给了舜，反而保全了他的后代。

我们再以曾国藩为例，从他的一生中，我们可以看到一个成大事者是如何适应变化，以变应变的。曾国藩的处世之道，就是一种灵活应变的处世态度和方法。

曾国藩的同乡好友欧阳北熊认为，曾国藩的思想一生有三变。早年在京城时信奉儒家，治理湘军、镇压太平天国时采用法家，晚年功成名就后则转向了老庄的道家。

曾国藩的儒家思想，形成于他在京做官时。他用程朱理学这块砖敲开了做官的大门之后，并没有把它丢在一边，而是对它进行深入研讨，同时曾国藩又得益于唐鉴、倭仁等理学大师的指点，这使他在理学素养上有了巨大的飞跃。曾国藩对儒学，尤其是程朱理学的深入研究，是他这个时期重要的思想特点，而对于这一套理论、方法的运用，则贯穿了他的一生。

为了镇压太平天国起义，曾国藩回到湖南组建湘军。在对待起义军和管理湘军的问题上，他的一系列主张和措施表现了他对法家严刑峻法思想的极力推崇。他提出要“纯用重典”，认为非采取烈火般的手段不能为治。而且，他还向朝廷表示，即使由此而得残忍严酷之名，也在所不辞。在他看来，儒家的“中庸”之道，在战争与治军上是行不通的。

曾国藩在为官方面，恪守的却是“清静无为”的老庄思想。他常表示，于名利之外，须存退让之心。在太平天国败局已定，曾国藩即将大功告成之时，他的这种思想愈加强烈，一种兔死狗烹的危机感时常萦绕在他的心头。天京攻陷之后，曾国藩便立即遣散湘军，并做功成身退的打算，以消除清政府的疑忌，这不失为明哲保身的高招。

不同的时期有不同的思想倾向，说明曾国藩善于从诸子百家中汲取养分以适应不同的情况。曾国藩的以变应变，造就了他的功业。

在社会中寻求发展，要想做到积极应变，应不断调整自己思想与行为的基本策略。变通在古今一样都是十分重要的，很多时候在做事情上讲点技巧，于人于己，都是一件好事。时移则势易，势易则情变，情变则法不同。所以生活中的你，如果还没有走向成功，不妨问问自己，是否经常省察时代和自身呢？学会如水般灵活，随时随地变化，将对你的人生具有至关重要的作用。

心如止水，宁静不与万物相争

原文

夫唯不争，故无尤。（《道德经·八章》）

意译

这种不与万物相争，水（道）一般的心态，自然也就不会引来他人的埋怨和责怪。

人生智慧

老子对于水是非常尊崇的，他认为这看似柔弱的水中，蕴含着无尽的能力和哲理。老子多以水或与水有关的物象来比况、阐发“道”的精深和妙用，甚至水还一度被老子推崇为“道”的象征。有人说：老子的哲学就是水性哲学。

在《道德经》的第八章中，老子阐述了“水”的种种妙处，最后他总结道：“夫唯不争，故无尤。”水不与万物相争，如果人能有这样的心态，心如止水，那么自然不会引来他人的怨怒和责怪。

可惜的是很多时候，我们的内心都为外物所遮蔽、掩饰，浮躁的心情占领了我们的整颗心，因此在人生中留下许多遗憾：在学业上，由于我们还不会倾听内心的声音，所以盲目地选择了别人为我们选定的、他们认为最有潜力与前景的专业；在事业上，我们故意不去关注内心的声音，在一哄而起的热潮中，我们也去选择那些最为众人看好的热门职业；在爱情上，我们常因外界的作用扭曲了内心的声音，因经济、地位等非爱情因素而错误地选择了爱情对象……我们都是现代人，现代人惯于为自己做各种周密而细致的盘算，权衡着可能有的各种收益与损失。但是，我们唯一忽视的，便是去听一听自己内心的声音。

快节奏的生活、工作的压力容易使人心境失衡，如果患得患失，不能以宁静的心灵面对无穷无尽的诱惑，就会感到心力交瘁或迷惘躁动。

一位长者问他的学生：你心目中的人生美事为何？学生列出“清单”一张：健康、才能、美丽、爱情、名誉、财富……谁料老师不以为然地说：“你忽略了最重要的一项——心灵的宁静，没有它，上述种种都会给你带来可怕的痛苦！”

唯有宁静的心灵，才不会眼热权势显赫，不奢望金银成堆，不乞求声名鹊起，不羡慕美宅华第，因为所有的眼热、奢望、乞求和羡慕，都是一厢情愿，只能加重生命的负荷，加速心灵的浮躁，而与豁达康乐无缘。同为道家的庄子说一个人必须学会保持自己内心的安静，只有内心安静了，才能在静中映出自己的真实本性，保持本性，才能获得幸福。在《庄子·在宥》篇中，庄子讲述了黄帝向广成子问道的故事。

开始时广成子不愿向黄帝说道，黄帝放弃天下，斋戒三个月以后，广成子才向黄帝说了以下的话：“你问得好啊！来，我告诉你至道是什么。至道的精华，幽深而无状；至道的极致，蒙昧而无声。不听不看，让精神安静，形体就自然端正。一定要安静，一定要清静，不要劳累形体，不要耗费精力，这样就能长生。”广成子主要说的是怎样才能求得道，我们却可以从中体悟到“静”的作用，每个人想要得到幸福，都要保持自己心灵的平静。如果你的生命一直处于烦躁、嘈杂的状态之中，怎能找到自己的心灵呢？内心的平静是智慧的珍宝、长久努力自律的成果，它呈现出丰富的经验与不凡的真知灼见。一个人即使身处闹市，也要保持静的状态。

一个安静的人，因为学会自制，知道如何配合别人，而别人相对地也会敬重他的风范，从中学习并仰赖他。一个人的心越是静，他的成就、影响力越大，力量越持久。头脑普通的生意人若能更自制与沉着，会发觉自己的生意日益兴隆，道理即因一般人喜欢与看来稳重的人交易买卖。

坚强、冷静的人永远受人爱戴，这种从容沉着的高尚个性是修身养性最难的课题，也是生命的花朵、心灵的成果，它与智慧同样珍贵，比黄金更令人垂涎——没错，上等黄金也比不上它。与恬静的生活——在吵嚷俗世中，安身立命于真理之中，获得永恒的平静——相比，汲汲营营于赚钱显得多么微不足道啊！

若受内心多变的情绪左右，你就会需要他人或外力协助你踏稳生活的步伐。一旦自行踏稳了步伐且稍有成就时，则须学习面对并克服诸多干扰和妨碍。每天都应该练习修养心灵，亦即所谓的“进入静谧”。此方法能排除烦忧，换来平静，且化弱为强。若非做到这点，你将无法成功地以心灵力量直捣问题核心并经营生活。

如水般沉静，不浮不躁才是成功之道

原文

企者不立，跨者不行。（《道德经·二十四章》）

意译

想要踮起脚尖站得更高的人，反而会站不稳；不想稳步前进，而想着跳跃式前进的人，反而无法走得又快又远。

人生智慧

老子的这句话是说：浮躁之心不可有。做事要踏踏实实，一步一个脚印，更要如水般沉静，不疾不徐，这样才能有所成就。

在这个充满诱惑的时代，人人渴望成功。所有人都梦想一觉醒来就成为世界首富，都认为自己注定会成为人上之人，理应享受香车豪宅。如果说在物质贫乏的时代，阻碍人们走向成功的首要原因是外在条件不允许，桎梏使得人们无法做梦，那么现在，阻碍人们成长和成功的正是如上种种不切实际的梦想以及由此积累的浮躁心态。

浮躁，按照字面理解，它是轻浮急躁之意。在现实生活中，浮躁既是一种不那么理智的情绪，又是一种不那么健康的心态，还是一种不那么良好的精神面貌。而这种情绪、心态和精神面貌，在不少人身上或多或少地存在着，并不时地影响他人，这应该引起我们的重视。

心态浮躁的人看不起现在的工作，认为凭自己的能力，理应承担更重要的职责，享受更高的待遇。这些人整日忙于抱怨自己的工作，没有时间和精力认认真真地做好现在的工作，以至于工作常常出错，使得上司更加不敢把重要的工作委托给他们。

浮躁的对立面是认真、稳定、踏实、深入。无论是治学、为人，还是做事、管理，如果你能远离浮躁，梦想就会成为现实。

在华为，就有这样一个不浮躁的优秀员工小刘。小刘是电力电子专业的博士，领导安排他从事电磁元件的工作。堂堂的博士理应干一些大项目，搞这种不起眼的小儿科，小刘实在有些想不通。

想法归想法，工作还要进行。就在小刘接手电磁元件的工作之后不久，公司电源产品不稳定的现象发生了，结果造成许多系统瘫痪，给客户和公司造成了巨大损失，公司受此影响失去5000万元以上的订单。在这种比较严峻的形势下，研发部领导把解决该电磁元件问题故障的重任，交给了刚进公司不到三个月的小刘。

在工程部领导和同事的支持与帮助下，小刘经过多次反复实验，逐渐清晰了设计思路。又经过60天的日夜奋战，小刘硬是把电磁元件这块硬骨头啃下来了，使该电磁元件的市场故障率从18%降为零，而且每年节约成本110万元。现在，公司所有的电源系统都采用这种电磁元件，时过近两年，再未出现任何故障。

小小的电磁元件这件事对小刘的触动特别大，他在帖子中不无感慨地写道："貌似渺小的电磁元件，大家没有去重视，结果我这样起初'气吞山河'似的'英雄'在其面前也屡经挫折、饱受煎熬，坐了两个月冷板凳之后，才将这件小事搞透。现在看起来，之所以出现故障，不就是因为绕线太细、匝数太多了吗？把绕线加粗、匝数减少不就得了？而我们往往一开始就只想干大事，而看不起小事，结果是小事不愿干，大事也干不好，最后只能是大家在这些小事面前束手无策、慌了手脚。有专家说：'我们有许多研究学术的，搞创作的，吃亏在耐不住寂寞，总是怕别人忘记了他。由于耐不住寂寞，就不能深入地做学问，不能勤学苦练。他不知道耐得住寂寞，才能不寂寞。耐不住寂寞，偏偏寂寞。'这段话推而广之，适合于各行各业和各类人员，凡想做点事情的人，都应该知道浮躁是大忌，先学会坐冷板凳，先学会做小事，然后才能做大事，才能取得更大的业绩和成效。"

社会的重大变革，市场经济的不断发展，生活节奏的加快以及竞争压力的增大，必然给人们思想上带来某些负面影响，客观上给浮躁的滋生提供了土壤和条件。但是，成功者的经验告诉我们，不管你的能力有多强，你都必须从最基础的工作做起。职场永远不会有一步登天的事情发生，任何人要想脱颖而出，唯一的机会就是把现在的工作做好，在普通平凡的工作中创造奇迹。

“上善若水”与“厚德载物”

原文

上善若水。（《道德经·八章》）

意译

最高的品德和修养（亦指拥有最高品德和修养的人）就如同水一样。

人生智慧

老子说“上善若水”，意思是拥有最高品德的人如同水一样。老子的本意是认为水有助于万物生长，却不与万物相争，这才是高品德的象征。而我们现在经常会将“上善若水”与“厚德载物”连在一起以用来形容人的品德气度要泽披万物，容纳百川，这其实是对“水”的理解的进一步延伸。

同样崇尚水的庄子在《庄子·逍遥游》中说了这样一段话，更进一步地为我们解释了老子的话：“且夫水之积也不厚，则其负大舟也无力。覆杯水于坳堂之上，则芥为之舟；置杯焉则胶，水浅而舟大也。”

庄子举出的一个简单的事例中通常包括几层道理。如果水不深厚、不充满，就没有办法承受大船，除非像大海一样的深厚、广阔，才能承载起几千吨、几万吨的大船。

在厅堂里挖个小坑，然后舀一杯水倒在里面，把微小的芥子置入水中，芥子就仿佛小舟一样在水面行驶。如果把杯子放在水面，则一下就胶住了，浮不起来。为什么？因为水太浅，杯子当船太大了。在这里，庄子明白地告诉我们，每个人的气度、知识范围、胸襟大小都不同。要立大功、成大业，就要培养自己的气度、学问、能力；要够得上修道的材料，就要像大海一样波澜壮阔。佛经上形容“如来如大海”，也是这个道理。

浅水中只能漂浮草籽，大海中才能航行巨轮，人生也是如此。人的品德与心胸就要如大海一般，宽阔深厚，只有这样才能做到厚德载物。

南唐后主李煜善工诗词，被俘后，曾与赵匡胤同席饮酒。赵匡胤说：“都说你诗写得好，念上两句与朕听听。”李煜稍作沉思，随即吟出两句《咏扇》诗：“揖让月在手，动摇风满怀。”对仗既工，意境也是好的。不料赵匡胤听后却大笑，道：“满怀之风也值一提？”李煜面容惨淡。赵匡胤虽是靠棍棒起家的赳赳武夫，却是有资格嘲笑李煜的。想当初他尚未发达，一日路过华山，喝得大醉，竟在田里结结实实地睡了一觉。醒来之际，恰好一轮明月冉冉而出。赵匡胤口占一首，道是：“未离海底千山黑，才到天中万国明。”后来将这诗念与人听，众人无不叫好。那气度，“满怀之风”又如何比得？曹操53岁时诗云：“老骥伏枥，志在千里；烈士暮年，壮心不已；盈缩之期，不但在天；养怡之福，可得永年。”古往今来，建丰功伟业者，无不具有超凡的气度与能力，胸怀宽广，厚德载物。

从另一个方面来看，何为浅水，何为大海，其实不像黑白对错那样简单易判。如来如大海，究竟怎样才算是广阔的胸襟与人生？

有一天，上帝造了三个人。他问第一个人：“到了人世间，你准备怎样度过自己的一生？”第一个人回答说：“我要充分利用生命去创造。”上帝又问第二个人：“到了人世间，你准备怎样度过自己的一生？”第二个人回答说：“我要充分利用生命去享受。”上帝又问第三个人：“到了人世间，你准备怎样度过自己的一生？”第三个人回答说：“我既要创造人生，又要享受人生。”上帝给第三个人打了100分，他认为只有第三个人才是最完整的人。

第一个人来到人世间，表现出了不平常的奉献感和拯救感。他为许许多多的人作出了许许多多的贡献，对自己帮助过的人，他从无所求。他为真理而奋斗，屡遭误解也毫无怨言。慢慢地，他成了德高望重的人，他的善行被广为传颂，被人们默默敬仰。他离开人间，人们从四面八方赶来为他送行。直至若干年后，他还一直被人们深深地怀念着。第二个人来到人世间，表现出了不平常的占有欲和破坏欲。为了达到目的，他不择手段，甚至无恶不作。慢慢地，他拥有了无数的财富，生活奢华，一掷千金，妻妾成群。他因作恶太多而得到了应有的惩罚。正义之剑把他驱出人间的时候，他得到的是鄙视和唾骂，被人们深深地痛恨着。第三个人来到人世间，没有任何不平常的表现。他建立了自己的家庭，过着忙碌而充实的生活。若干年后，没有人记得他的存在。人类为第一个人打了100分，为第二个人打了0分，为第三个人打了50分。

像大海一样做人，才能真正了解生命之道，如果只想托起一粒微小的草籽，那么只需一捧水就够了。人活一世，草木一秋，懂得何为深广，才能波澜壮阔。

人生如水，细节决定成败

原文

天下大事，必作于细。（《道德经·六十三章》）

意译

天下的大事，必须从细微之处入手。

人生智慧

老子认为，做事情不能仰头望天，而应脚踏实地。那些真正伟大的人物从来都不蔑视生活中的小事，即使常人认为很卑微很细小的事情，他们也都满怀热情地去做好。这就如同水一般，所过之处，填满每一个细微的缝隙，丝毫不会因为其细微而忽略轻视，人生亦是如此。

有位智者说过这样的话："不会做小事的人，很难相信他会做成什么大事。做大事的成就感和自信心是由小事的成就感积累起来的。可惜的是，我们平时往往忽略了它，让那些小事擦肩而过。"

小张刚刚从一家广告公司跳槽出来，因为那个公司只给她安排了文员的工作，这让设计出身的她很不满意。她索性辞职，应聘新进的这家公司的高级行政助理。她欣喜若狂地接受了这份工作，谁知道总监给她安排的还是那些琐碎无比的工作，无外乎接接电话、收发传真这类的小事。小张很受打击，总觉得这些细碎的事情无法实现她的价值。

其实，做大事的气魄都是由做小事的精神一点一滴积淀起来的，现在，越来越多的企业看中员工的细节考核了。请看下面的三则广为流传的招聘案例：

1. 地上的小纸团

一家须招聘高级管理人才的公司，正在对一群应聘者进行复试。应聘者一个个满怀信心地回答了面试主管甚为简单的提问，可当他们听到结果时，无一例外都是满脸失望。轮到后来一个，他走进房门时，发现干净的地毯上很不协调地扔着一个纸团。任何时候都一丝不苟的习惯使他弯腰捡起它。这时面试主管说话了："您好，朋友，请看看您捡起的纸团吧！"这位应聘者迟疑地打开纸团，只见上面写着："热忱欢迎您到我们公司任职。"后来这位应聘者成了一家著名大公司的总裁。

2. 巧用气压计

有一家公司同样招聘管理人员，题目是：用发给你的一支气压计，测出这幢30层大楼的高度。一个个应聘者绞尽脑汁想出种种办法：有的楼上楼下量气压，利用物理知识烦琐地计算；有的爬上屋顶，将气压计系上长长的绳子，忙乱地量着；有的在数据堆中埋头翻阅，希望找一个更好的方法或公式……但有一位应聘者却拿着气压计来到大楼管理处，对一位老者说："大爷，这支气压计送给您，请您告诉我这大楼的高度。"这位聪明人入选了，因为他正是一个难得的管理人才。

3. 还是要看个究竟

某公司招聘一名保安，主试人在大楼底层交给每人一个未封口的信封，交代他们尽快送到4楼的一个房间。几乎所有的人都照此去做了，得到的通知却都是不予录取。只有一个机灵鬼怎么也忍不住，想看看信封里装着什么东西。他躲到一边偷偷抽出信封中的纸条，只见上面写着："你就是我们所需要的人。"毫无疑问，所有的信封中都有这么一张纸条，机会白白从许多人手中溜走了。也难怪，谁要一个呆头呆脑的保安呢？

看，不注意细节和小事，你连单位的门都叩不响，还谈何辞职跳槽呢？所以，无论从事什么工作，既要志存高远，又要脚踏实地。如果没有宏图大志，整天为小事忙碌，那样的人不过是碌碌无为的家雀。如果只有远大的志向，而不愿意做艰苦的工作，就会志大才疏。荀子有一段话和老子上面的告诫同样精彩到位："积土成山，风雨兴焉；积水成渊，蛟龙生焉；积善成德，而神明自得，圣心备焉。故不积跬步，无以至千里；不积小流，无以成江海。骐骥一跃，不能十步；驽马十驾，功在不舍。锲而舍之，朽木不折；锲而不舍，金石可镂。"

心理学家告诉我们，意志、品质的培养，是一个由弱到强、由低到高的过程。别人不愿意端茶倒水，你就要端出水平；别人不愿意收发传真，你就要做得到位；别人不注意打扫办公室卫生，你就要做得出彩。每一件别人不愿意做的小事，你都多做一点，并且做得很好，你的成功率定会不断攀升。

想要达到最高处，必须从最低处做起

原文

高下相倾。（《道德经·二章》）

意译

高与低互相依靠而存在。

人生智慧

老子在提及万事万物的辩证两面之时，一笔带过了一句“高下相倾”。高与下的关系，看似十分简单，高高在上，低低在下，绝对不是齐一平等的，重点在相倾的“倾”字。天地宇宙，本来便在周圆旋转中，凡事崇高必有倾倒，复归于平。因此，高与下，本来就是相倾而自然归于平等的。即使不倾倒而归于平，在弧形的回旋律中，高下本来同归于一律，这就犹如水一般，在高处，便会流向低凹之处，不断汇集，便会升至高处。水，从不会因为自己高高在上，而不流向低处，正是老子所讲的“高下相倾”。

一位闻名遐迩的画家每逢青年画家登门求教，总是很耐心地给人看画指点；对于有潜力的青年才俊，更是尽心尽力，不惜耗费自己作画的时间。一次，一位后辈画家对于前辈的关爱有加感激涕零，老画家微笑着讲了一个故事。

40年前，一个青年拿了自己的画作到京都，想请一位自己敬仰的前辈画家指点一下。那画家看这青年是个无名小卒，连画轴都没让青年打开，便推托私务缠身，下了逐客令。青年走到门口，转过身说了一句话："大师，您现在站在山顶，往下俯视我辈无名小卒，的确十分渺小；但您也应该知道，我从山下往上看您，您同样也十分渺小！"说完转身扬长而去。青年后来发愤学艺，终于在艺术界有所成就，他时刻记得那一次冷遇，也时刻提醒自己，一个人是否形象高大，并不在于他所处的位置，而在于他的人格、胸襟、修养。

的确，站在山顶的人和居于山脚的人，在对方眼中，同样渺小。高高的山峰终于被一群登山者踩在了脚下，极目四望，一切都离他们那么远。"你们看，山下的人都如蚂蚁一般！"其中一人兴奋地嚷着。"可是，他们也许根本就没觉着山上有人。"一位同伴在一旁轻轻地说。大家霎时冷静下来：是啊，巍峨的只是脚下的山峰，我们还和过去一样普通，并不因位置的升高而高大。

提起高下的问题，不由得使人想起苗家人房屋建筑的特点。一个不大的屋子里面可以有几十个房檐和门槛，平日里，苗寨里的乡亲们就背着沉甸甸的大背篓从外面穿过这些房檐和门槛走进来。虽然障碍如此之多，可从来没有人因此撞到房檐或者是被门槛绊倒，而外乡人初至，即使是空手走在这样的屋子里也会经常碰头跌跤。一位苗家老人常常告诫初来的外乡人，要想在这样的建筑里行走自如，就必须牢记：可以低头，但不能弯腰。低头是为了避开上面的障碍，看清楚脚下的门槛。而不弯腰则是为了有足够的力气承担起身上的背负。

老人的告诫又何尝不是对人生的形象比喻，苗家建筑好比人生，一路上充满了房檐和门槛，一个不大的空间里到处都是磕磕绊绊，而人们肩膀上那个沉沉的背篓里装满了做人的尊严。背负着尊严走在高低不同、起伏不定的道路上，必须时刻提防四周的危险，还要时刻提醒自己：头要低，腰须挺。

有一位禅师曾经譬喻说：“宇宙有多大多高？宇宙只不过五尺高而已！我们这具昂昂六尺之躯，想生存于宇宙之间，只有低下头来！”人生在世，有时顶天立地，孤傲不群，有如龙抬头虎相扑；但有时也应虚怀若谷，有如龙退缩，虎低头。当进则进，当退则退；当高则高，当低则低。高下相倾，进退有据，才能独立于世。

波澜壮阔的大海之所以能够包容万物，笑纳百川，深邃伟大，关键在于其位置最低。位置放得低，所以能从容不迫，能悟透世事沧桑。正如一位哲人所言，想要达到最高处，必须从最低处开始。

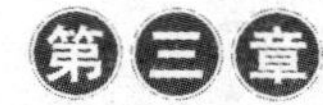

见素抱朴，少私寡欲

——修心养性的智慧

做现代隐士，身居闹市不流俗

原文

挫其锐，解其纷，和其光，同其尘，是谓“玄同”。（《道德经·五十六章》）

意译

将自己的锐气完美收敛，却又能解开重重纷杂；将自己的光芒调和隐藏，又能与俗尘混同，这就是“玄同”。

人生智慧

人为了生存，必须生活在社会之中。可是，在这复杂的社会中，总有着太多的纷繁俗事，让人常常会想，如果能隐居山林该有多好。庄子在《庄子·刻意》篇中就讲道：“就薮泽，处闲旷，钓鱼闲处；无为而已矣。此江海之士，避世之人，闲暇者之所好也。”这里，庄子又列举了几种人士：隐居江海的人，与世无争、逃避世事的人，清闲悠暇的人。这些人也没有什么荣辱毁誉的强烈愿望或忌讳。所以，以栖身山林江湖，流浪旷野荒原，每日垂钓，闲散度日。这正是道家的处世态度，顺其自然，在同一篇中，庄子讲了闲散居士的好处：“平易恬淡，则忧患不能入，邪气不能袭。”庄子认为，这些懂得隐居起来的人，是享受着生命的大自在的人。

然而生活在当今时代的我们，不可能像庄子说的那样，到山林中去归隐。可是又怎能心甘情愿地混迹于这世俗之中，无法去享受如庄子所说的生命大自在？就如庄子在《山木》篇中所讲的燕子一样：燕子很害怕人，却进入到人的生活圈子，将它们的巢窠暂寄于人的房舍。我们亦可如这燕子一般，虽身处闹市，却有着自己的清净生活，而这便需要我们能够挫锐解纷，和光同尘。

挫锐解纷，和光同尘，或许听来略显晦涩，其实是在告诉我们一个为人处世的方法。将“挫其锐，解其纷”的战略运用得得心应手的代表人物之一便是中唐时期的郭子仪。

郭子仪被唐德宗称为尚父，尚父这个称谓，只有周朝武王称过姜太公，在古代是一个十分尊崇的称呼。由唐玄宗开始，儿子唐肃宗，孙子唐代宗，乃至曾孙唐德宗，四朝都由郭子仪保驾。唐明皇时，安史之乱爆发，玄宗提拔郭子仪为卫尉卿，兼灵武郡太守，充朔方节度使，命令他率军讨逆。唐朝的国运几乎系于郭子仪一人之身。

但当天下无事了，皇帝又担心他功高镇主，命其归野。朝中的文臣武将，都是郭子仪的部下，可是一旦皇帝心存疑虑，要罢免他时，他就马上移交清楚，坦然离去。等国家有难，一接到命令，郭子仪又不顾一切，马上行动，所以屡黜屡起，四代君主都离他不行。

郭子仪将冲虚之道运用得挥洒自如，以雅量容天下。皇帝面前一个颇有权位的太监鱼朝恩，用各种花样专门来整他，他都没有记恨，一一包容。最后鱼朝恩居然派人暗地挖了郭父的坟墓，郭子仪不动声色，在皇帝吊唁慰问时哭着说："臣带兵数十年，士兵在外破坏别家坟墓的事，我都顾及不到，现在家父的坟墓被人挖了，乃因果报应，与他人无关。"

郭子仪晚年在家养老时，王侯将相前来拜访，郭子仪的姬妾从来不用回避。唐德宗的宠臣卢杞前来拜访时，郭子仪赶紧让众姬妾退下，自己正襟危坐，接待这位当朝重臣。卢杞走后，家人询问原因，郭子仪说道："卢杞此人，相貌丑陋，心地险恶，如果姬妾见到他，肯定会笑出声来，卢杞必然怀恨在心。将来他大权在握，追忆前嫌，我郭家就要大祸临头了。"果然，后来卢杞当上宰相，"小忤己，不致死地不止"，但对郭家人一直十分礼遇，完全应验了郭子仪的说法，一场大祸消于无形。

郭子仪的一生便是"挫锐解纷，和光同尘"的最好解读，凡是有太过尖锐、呆滞不化的心念，便须顿挫而使之平息；倘有纷纭扰乱、纠缠不清的想法，也必须要解脱斩断。做人如此，做官如斯。与世俗同流而不合污，周旋于尘境有无之间，却不流俗，混迹尘境，顿挫坚锐，化解纷扰，这样便能长久地保持自身的光华，从而成为一个身居闹市的隐士，有着不流俗的大自在。

以出世之精神，做入世之事业

原文

俗人昭昭，我独昏昏；俗人察察，我独闷闷。（《道德经·二十章》）

意译

众人都光辉炫目，唯独我好像迷迷糊糊；众人都活得明明白白，唯独我好像浑浑噩噩。我就像是在这个世界的无边海洋之中四处漂泊，没有找到可以停留安歇的地方。世人仿佛都很灵巧，有自己的本领，同时又在发挥自己的作用，只有我愚昧笨拙仿佛一无是处。

人生智慧

朱光潜先生曾用一句话评价弘一法师，即“以出世之精神，做入世之事业”，这句话其实更是对老庄哲学的深刻理解。

道家认为一个修道有悟的人，外表混混沌沌，而内心清明洒脱，遗世独立。不以聪明才智高人一等，而以平凡庸陋、毫无出奇的姿态示人，行为虽是入世，但心境是出世的，对于个人利益不斤斤计较。

胸襟如海，容纳百川，境界高远，仿佛清风徐吹，回荡于山谷中的天籁之音。

用出世的心做入世的事，不是每个人都能做到的。

有一个有趣的故事，是这样说的。一个和尚因为耐不住佛家的寂寞就下山还俗去了。不到一个月，因为耐不得尘世的口舌，又上山了。不到一个月，又耐不住青灯古佛的孤寂再度离去。如此三番，寺中禅师对他说："你干脆不必信佛，脱去袈裟；也不必认真去做俗人，就在庙宇和尘世之间的凉亭那里设一个去处，卖茶如何？"于是这个还俗的和尚就讨了一个媳妇，支起一个茶亭。

因为我们许多人其实都是内心充满着矛盾情绪，在入世与出世之间徘徊不决。其实倒不如干脆就在二者的中间做个半路之人，又有何妨。

怎样才能算有出世之心呢?

印度有一位智者，学识渊博，德高望重，他有一个小徒弟，天资聪颖，但却总是怨天尤人。这天，徒弟又开始不停抱怨，智者对他说："去取一些盐来。"徒弟不知师傅何意，疑惑不解地跑到厨房取了一罐盐。师傅让徒弟把盐倒进一碗水里，命他喝下去，徒弟不情愿地喝了一口，苦涩难耐，师傅问："味道如何？"徒弟皱了皱眉头，说："又苦又涩。"师傅笑了笑，让徒弟又拿了一罐盐和自己一起前往湖边。师傅让徒弟把盐撒进湖水里，然后对徒弟说："掬一捧湖水喝吧。"徒弟喝了口湖水，师傅问："味道如何？"徒弟说："清爽无比。"师傅又问："尝到苦涩之味了吗？"徒弟摇摇头。师傅语重心长地对他说：“人生中的许多事情如同这罐盐，放入一碗水中，你尝到的是苦涩的滋味，放入一湖水中，你尝到的却是满口甘爽。让自己的心变成一湖水，自然尝不到人生的苦涩。”

做人做事，莫让心境局限在一个狭小的空间。所谓身做入世事，心在尘缘外。唐朝李泌便为世人演绎了一段出世心境入世行的处世佳话，他睿智的处世态度充分体现了一位政治家、宗教家的高超智慧。该仕则仕，该隐则隐，无为之为，无可无不可，将出世入世的智慧拿捏得恰到好处。

李泌一生中多次因各种原因离开朝廷这个权力中心。玄宗天宝年间，当时隐居南岳衡山的李泌上书玄宗，议论时政，颇受重视，遭到杨国忠的嫉恨，被毁谤以《感遇诗》讽喻朝政。李泌被送往蕲春郡安置，他索性“潜遁名山，以习隐自适”。自从肃宗灵武即位时起，李泌就一直在肃宗身边，为平叛出谋划策，虽未身担要职，却“权逾宰相”，招来了权臣崔圆、李辅国的猜忌。收复京师后，为了躲避随时都可能发生的灾祸，也由于叛乱消弭、大局已定，李泌便功成身退，进衡山修道。代宗刚一即位，又强行将李泌召至京师，任命他为翰林学士，使其破戒入俗。李泌顺其自然，当时的权相元载将其视作朝中潜在的威胁，寻找名目再次将其逐出。后来，元载被诛，李泌又被召回，却再一次受到重臣常衮的排斥，再次离京。建中年间，泾原兵变，身处危难的德宗又把李泌招至身边。

李泌屡蹶屡起、屹立不倒的原因，在于其恰当的处世方法和豁达的心态，其行入世，其心出世，所以社稷有难时，义不容辞，视为理所当然；国难平定后，全身而退，没有丝毫留恋。李泌已达到了顺应外物、无我无己的境界，又如儒家所说

"用之则行，舍之则藏"，"行"则建功立业，"藏"则修身养性，出世入世都充实而平静。李泌所处的时代，战乱频仍，朝廷内外倾轧混乱，若要明哲保身，必须避免卷入争权夺利的斗争之中。心系社稷，远离权力，无视名利，谦退处世，顺其自然，乃李泌的处世要诀。

最后，以李泌一阙《长歌行》与君分享："天覆吾，地载吾，天地生吾有意无。不然绝粒升天衢，不然鸣珂游帝都。焉能不贵复不去，空作昂藏一丈夫。一丈夫兮一丈夫，千生气志是良图。请君看取百年事，业就扁舟泛五湖。"

心界决定眼界，决定你的世界

原文

孰能浊以静之徐清？孰能安以动之徐生？

保此道者，不欲盈。夫唯不盈，故能蔽而新成。（《道德经·十五章》）

意译

谁能使浑浊安静沉淀下来，让其慢慢地澄清，变成净水？谁又能使寂静慢慢变得活跃起来，让空间里出现生机？保持这种“道”的人不会自满，也正是因为他从来不会感到自满，所以才可以去旧存新，不断地进步完善，以永恒存在于天地之间。

人生智慧

生活在繁华都市中的人，每天都为了生计而奔忙，很容易被各种各样的物欲迷住了眼睛。在他们的眼里只有来往的车流、上司和周围人群的嘴脸、各式各样的楼层，有点时间休息时，也只是对着电视或者电脑。他们的心中根本没有周围的绿色植物、天空中不断游走的流云、夜晚灿烂的星光和月色，这是因为他们的心已被繁忙的生活腐蚀，眼界仅仅局限于都市中的那一个小小的片断。在这种狭窄的心灵空间生活久了，怎能获得成功和幸福的感受?

我们要想摆脱这样的生活，使自己达到一种很高的境界，关键在于我们的心界，或者说是心界决定我们的世界。简单而言，一个人要提升自己，需要不断地修炼和开阔自己的内心世界，需要保持容释、淳朴、旷野的心境，而不能僵硬、狭隘、刚愎、排外；认识到自己的空白处，才能认识到自己能够进步的地方，也才能有进步、有未来、有发展，以利于生命的延续，才能够成就大道。也就是老子所说的："不欲盈。夫唯不盈，故能蔽而新成。"

班超是我国西汉时期杰出的军事家和外交家，他从小勤奋好学，胸怀大志。然而，他并不是一生下来就成"家"的，他青年时期的工作不过是给官府抄文件和给私人抄书籍。

当时，北方的匈奴时常侵犯汉朝边境，班超特别愤慨；同时，他又看到西域各国与汉朝的交往已断绝了50多年，心中非常忧虑。班超抄了一段时间的书之后，整日处在苦闷之中，他觉得自己不应该只有这样的人生。终于有一天，他决定"投笔从戎"，去干一番大事业。

班超"投笔从戎"之后，随大将军窦固出兵攻打匈奴。由于他作战勇敢、屡立战功、足智多谋，最终威镇西域各国，重新打通了丝绸之路，成为我国历史上杰出的外交家，名垂青史，万古流芳。

班超投笔从戎，建下千秋功业。正在于他把自己的境界提升到一国的高度，他才能有名垂青史的成就。如果他仅满足于抄抄字，安稳度日，我们很难想象他会有后来的功业。可见，人生的境界对一个人是何等的重要。

庄子曾经讲过这样一个故事：宋国有一户善于调制不皲手药物的人家，世世代代以漂洗丝絮为职业。有个游客听说了这件事，愿意用百金的高价买他的药方。全家人聚集在一起商量："我们世世代代在河水里漂洗丝絮，所得的钱不过数金，如今一下子就能卖得百金，还是把药方卖给他吧。"于是，他们把药方卖给了这位游客，游客得到药方后，来游说吴王。正巧越国发难，吴王派他统率部队，冬天跟越军在水上交战，大败越军，吴王划割土地封赏他。能使手不皲裂，药方是同样的，有的人用它来获得封赏，有的人却只能靠它在水中漂洗丝絮，这是使用方法不同，更是人心界、眼界的不同。

一个人只要能够最大限度地扩大自己的心域，就能比别人看到更多更精彩的事物、更多更精彩的美丽。如果你觉得你现在在生活中没有什么路可走，那么可能就是因为你的心界太窄了。

人生天地之间，若想不被凡尘琐事所干扰，达到幸福而圆满的人生境界，就必须不断扩充自己的人生境界。如果你的眼睛里只有柴米油盐、蝇头小利，你又怎么能够获得内心的幸福呢？把你的心域拉到无限远，你就能在繁华之中看见苍凉，在危急之时看见希望，在平凡之中看见伟大，在奔忙之中看见力量。这时你就会有一种"天高任鸟飞，海阔凭鱼跃"的感受，你的生命境界就会得到进一步的升华，你在现实生活之中就会体验到一种解脱的大自由。

学会以平和宽容的心态融入社会

原文

报怨以德。（《道德经·七十九章》）

意译

用德行去回报怨恨。

人生智慧

人们常说：“比海洋宽阔的是天空，比天空更宽阔的是人的心灵。”心灵，拥有包纳世间一切事物的容量。唯宽可以容人，唯厚可以载物。宽容，则是一种心性的修养，不仅是保持身心健康的良方，也是事业成功的重要条件。

哲学家康德说：“生气，是拿别人的错误惩罚自己。”优雅的康德大概是不会有暴风骤雨的，心情永远是天朗气清。别人犯错了，我们为此雷霆万钧，那犯错的该是我们自己了。

有这样一个故事：

从前有两个人，一个叫提耆罗，一个叫那赖。这两个人神通广大，本领高超，无论是婆罗门、佛家弟子，还是仙人、圣人，无不钦佩，都来向他们顶礼膜拜。

一天夜里，提耆罗因长时间诵经感到十分疲乏，先睡了；那赖当时还没睡，一不小心踩了提耆罗的头，使他疼痛难忍。

提耆罗一时心中大怒地说："谁踩了我的头，明天清早太阳升起一竿子高的时候，他的头就会破为七块！"那赖一听，也十分恼怒地叫道："是我误踩了你，你干什么发那么重的咒？器物放在一起，还有相碰的时候，何况人和人相处，哪能永远没有个闪失呢？你说明天清早太阳升起一竿子高的时候，我的头就会破为七块，那好，我就偏不让太阳出来，你看着好了！"

由于那赖施了法术，第二天，太阳果然没有升起来。五天过去了，太阳仍没有出来，世界各地处在一片漆黑之中。

故事中，就因为提耆罗和那赖两个人的不宽容，整个世界处于一片黑暗之中，这样的损失没有哪个人可以拍手叫好的。而真正的最为和煦的阳光，其实就是宽容，所以在日常生活中，人一定要有一颗宽容而平和的心。心宽的人通常都是快乐的。

"律己宜带秋风，处事宜带春风"，多一些长远的目光，少一些狭隘的思维，多一些磅礴大气，多一些理解，多一些宽容，才能使生活的质量得到提高。

戴尔·卡耐基不主张以牙还牙，他说："要真正憎恶别人的简单方法只有一个，即发挥对方的长处。"憎恶对方，恨不得食肉寝皮敲骨吸髓，结果只能使自己焦头烂额，心力交瘁。卡耐基说的"憎恶"是另一种形式的"宽容"，憎恶别人不是咬牙切齿饕餮对手，而是吸取对方的长处化为自己强身壮体的钙质。

狼再怎么扮演“慈祥的外婆”，发“从此吃素”的毒誓，也难改吃羊的本性，但如果将狼捕杀净尽，羊群反而容易产生瘟疫；两虎共斗，其势不俱生，但一旦英雄寂寞，不用关进栅栏，凶猛的老虎也会退化成病猫。把对手看做朋友，这是更高境界的宽容。

林肯总统对政敌素以宽容著称，后来引起一位议员的不满，议员说：“你不应该试图和那些人交朋友，而应该消灭他们。”林肯微笑着回答：“当他们变成我的朋友，难道我不正是在消灭我的敌人吗？”一语中的，多一些宽容，公开的对手或许就是我们潜在的朋友。

三峡工程大江截流成功，谁对三峡工程的贡献最大？著名的水利工程学家潘家铮这样回答外国记者的提问：“那些反对三峡工程的人对三峡工程的贡献最大。”反对者的存在，可让你保持清醒理智的头脑，做事更周全；可激发你接受挑战的勇气，迸发出生命的潜能。这不是简单的宽容，这宽容如硎，磨砺着你的意志，磨亮了你生命的锋芒。

社会复杂多变，不可能做到事事顺心，人与人之间也不可能毫无摩擦，一个人，只有拥有一颗平和宽容的心，才能保持内心的宁静与和谐，才能更好地融入社会当中。

看淡财富，并不会降低幸福指数

原文

众人皆有余，而我独若遗。（《道德经·二十章》）

意译

众人都为自己预谋打算留下余财，只有我看似毫无智慧经常穷苦潦倒。

人生智慧

不同的人对于贫穷的看法不同，标准不同，忍受贫穷的能力也不同。对于贫穷，有些人是不得不居于贫困，苦熬贫困，所以觉得贫困是可怕的，这是着眼于物质生活的贫困。还有一些人是甘居贫困，是借贫困的环境来磨炼自己的意志，这是自觉地忍受贫困。不仅注重自己的物质享受，还看重自己的精神修养，这才是积极地忍受贫困。

安贫乐道的人并非没有精神内涵，不思进取。一个人物质上贫穷并不可怕，但一定不要使自己的心理贫穷，心理贫穷才是真正的可悲。

有这样一个故事，或许更能说明这个道理。

有位国王，天下尽在手中，对自己的生活还不满意，总觉得缺点什么。

一天，国王起个大早，决定在王宫中四处转转。当国王走到御膳房时，他听到有人在快乐地哼着小曲。循着声音，国王看到是一个厨子在唱歌，脸上洋溢着幸福和快乐。国王问厨子为什么如此快乐。厨子答道："陛下，我虽然只不过是个厨子，但我一直尽我所能让妻小快乐，我们所需不多，头顶有间草屋，肚里不缺暖食，便够了。我的妻子和孩子是我的精神支柱，而我带回家哪怕一件小东西都能让他们满足。我之所以天天如此快乐，是因为我的家人天天都快乐。"

听到这里，国王让厨子先退下，然后向宰相咨询此事，宰相答道："陛下，我相信这个厨子还没有成为99一族。"国王诧异地问道："什么是99一族？"宰相答道："陛下，请您先做这样一件事情，在一个包里，放进去99枚金币，然后把这个包放在那个厨子的家门口，您很快就会明白什么是99一族了。"

国王按照宰相所言，令人将装了99枚金币的布包放在了那个快乐的厨子门前。

厨子回家的时候发现了门前的布包，当他打开包，先是惊诧，然后狂喜：金币！这么多的金币！厨子将包里的金币全部倒在桌上，开始查点金币，99枚，厨子认为不应该是这个数，于是他数了一遍又一遍，的确是99枚。他开始纳闷：没理由只有99枚啊？没有人会只装99枚啊？那么那一枚金币哪里去了？厨子开始寻找，他找遍了整个房间，又找遍了整个院子，直到筋疲力尽，他才彻底绝望了，心中沮丧到了极点。

他决定从明天起，加倍努力工作，早日挣回一枚金币，以使他的财富达到100枚金币。由于晚上找金币太辛苦，第二天早上他起来得有点晚，情绪也极坏，对妻子和孩子大吼大叫，责怪他们没有及时叫醒他，影响了他早日挣到一枚金币这一宏伟目标的实现。他匆匆来到御膳房，不再像往日那样兴高采烈，既不哼小曲也不吹口哨了，只是埋头拼命地干活，一点也没有注意到国王正悄悄地观察着他。看到厨子心绪变化如此巨大，国王大为不解，得到那么多的金币应该欣喜若狂才对啊。他再次询问宰相。

宰相答道："陛下，99一族就是这样一类人：他们拥有很多，但从来不会满足，他们拼命工作，为了额外的那个'1'，他们苦苦努力，渴望尽早实现'100'。原本生活中那么多值得高兴和满足的事情，因为忽然出现了凑足100的可能性，一切都被打破了，他竭力去追求那个并无实质意义的'1'，不惜付出失去快乐的代价，这就是99一族。"

故事中的厨子，认为一百枚金币代表的就是成功与幸福，实际上，他却是在用幸福换金币。贫穷固然不是什么好事，每个人都希望改变贫穷的状况，但是急于求成或是用歪门邪道去脱贫，不是真正的忍贫，而不过是贪恋富贵罢了。

其实，人皆生而有欲望，但是如果嗜欲过了度，那就是人生的毒药了。欲望越大，人越贪婪，在欲望的无止境追求中，幸福已被冲得无影无踪了，人生也越容易致祸。现代社会的攀比之风盛行，人们的欲望膨胀，痛苦烦恼反而比物质文明落后时代的社会更多。人在面对这个纷繁复杂的世界时，一定不要迷失自己，让欲望占据自己的心灵。做人要懂得知足，千万不要为了一枚小小的金币牺牲掉自己的幸福生活。

褪尽名利之心，方能生出道心

原文

功遂身退，天之道也。（《道德经·九章》）

意译

当自己功成名就的时候，就应该学会和懂得急流勇退的道理，因为这样做才符合天地自然的大道，才能让自己更加长久。

人生智慧

老子说："功遂身退，天之道也。"功业既成，引身退去，天道使然。花开果生，果结花谢，自然之道。"功遂身退"其实是一种对待功名的态度，即使有了大功劳也不居功自傲。飞扬跋扈为谁雄，只会引来无妄之灾。

数千年来，中国历史一直上演着"飞鸟尽，良弓藏；狡兔死，走狗烹"的悲剧，政治的险恶让入世与出世成为中国仁人志士艰难的抉择，既铿锵刚劲，又痛苦无奈。青史上许多留名之人终其一生都在寻找"功"与"身"的平衡点。"儒"是进取的，理性的，是社会的，宗族的，是油然于心的；而“道”呢，则是个人的，直觉的，是天然的，无可奈何的。

那么是什么让人们常常不愿“功遂身退”呢？人世间有一则不变的名言，即“天下熙熙，皆为利来；天下攘攘，皆为利往”。《红楼梦》中开篇偈语一针见血：“世人都晓神仙好，惟有功名忘不了。”可见是“名与利”让人眷恋无法放手，正所谓“名利本为浮世重，古今能有几人抛？”

我们常说“虚名累人”。虚名能为人带来一时的心理满足感，但它本身毫无价值、毫无意义，任何一个真正的有识之士，都不会看重虚名。让我们从一位历史人物身上看看“功遂身退”的绝佳演绎吧。

金熙宗天眷二年，石琚考中进士，任邢台县令。当时官场腐败，贪污成风。在此环境之下，石琚却保持着清醒的头脑，他不仅不贪不占，还多次告诫别人不要贪取不义之财。有人对石琚的劝告置之一笑，还嘲笑他说：“世事如此，你一个人能改变得了吗？你的高论说来动听，实际上却全无用处，你何苦自守清贫，不识时务呢？要知无财才是大祸，你身在祸中，尚且不知，岂不遭人耻笑？切不可再言此事了。”石琚又气又怒，他当面对邢台守吏规劝说：“一个人到了见利不见害的地步，他就要大祸临头了。你敛财无度，不计利害，你自以为是，在我看来却是愚蠢至极。回头是岸，我实不忍见到你东窗事发的那一天。”邢台守吏拒不认错，私下竟反咬一口，向朝廷上书诬陷石琚贪赃枉法。结果，邢台守吏终因贪污受到严惩，其他违法官吏也一一治罪，石琚因清廉无私，虽多受诬陷却平安无事。

金世宗时，世宗任命石琚为参知政事，万不想石琚却百般推辞，金世宗仍不改初衷。石琚的亲朋好友力劝他，他们惶急道："这是天下的喜事，只有傻瓜才会避之再三。你一生聪明过人，怎会这样愚钝呢？万一惹恼了皇上，我们家族都要受到牵连，天下人更会笑你不识好歹。"石琚面对责难，一言不发。他见众亲友喋喋不休，最后长叹说："俗话说，身不由己，看来我是不能坚持己见了。"

石琚无奈接受了朝廷的任命，私下却对妻子忧虑地说："树大招风，位高多难，我是担心无妄之灾啊。"他的妻子不以为然，说道："你不贪不占，正义无私，皇上又宠信于你，你还怕什么呢？"石琚苦笑道："身处高位，便是众矢之的，无端被害者比比皆是，岂是有罪与无罪那么简单？再说皇上的宠信也是多变的，看不透这一点，就是不智啊。"

石琚在任太子少师之时，曾奏请皇上让太子熟习政事，嫉恨他的人便就此事攻击他别有用心，想借此赢取太子的恩宠。金世宗听来十分生气，后细心观察，才认定石琚不是这样的人。金世宗把别人诬陷他的话对石琚说了，石琚所受的震撼十分强烈，他趁此坚辞太子少师之位，再不敢轻易进言。

后来，石琚升任右丞相，位极人臣，前来贺喜的人络绎不绝。但石琚却决心辞官归居，金世宗见挽留不住，只好答应了他的请求。世人对此事议论纷纷，金世宗却感叹说："石琚大智若愚，这样的大才天下再无二人了，凡夫俗子怎知他的心意呢？"石琚可谓深谙进退之道，能进能退，把握得极其有度，所以才能在官场混迹多年而屹然不倒。

进一步，容易；退一步，难。大多数人能成功，却不能全身而退；少数人看透功名实质，重视过程，淡看结果，终能功成身退。做人若能将成败得失看得开一些，该进则进，当退则退，不偏执一心，更不被庸碌的世俗蒙蔽了眼睛，才能真正如鱼得水一样悠游世事。

亲近自然吸收正能量，打造灵魂的私密空间

原文

人法地，地法天，天法道，道法自然。（《道德经·二十五章》）

意译

人向大地取法，学习它的朴实厚德，地向天空取法，学习它的高明宽广，天向道取法，学习它的本源创生，道则向自然取法，遵从自然的规律而行事。

人生智慧

道家思想认为一个人要想使自己达到一个大境界，就必须把自己的心放到天地间，去体悟自我的渺小与天地的广大，这样人的心境自然也就随之变得高远广阔了。

人本是自然之子，想要修心养性首先要养自然之心，要保持人原有的那种质朴、纯真的自然属性。心灵就像一轮秋月挂于高天，清辉弥漫，皎洁晶莹。可是，人心随着年龄、阅历的增长而越来越复杂，整日工于心计、追逐名利。总是牵绊于世俗的声色名利，你的心空就会充满浓厚的乌云，那轮心灵的明月就会越来越暗淡，直至无光。要如何让心中的那轮明月保持清辉不变？回到自然去！多接近自然，保持自然的生活方式，不因外在的影响而痛苦抉择，就能清除心灵的乌云，那轮心月就会焕发出本属于它的明丽，生命也会在心月的清辉中常驻常新。

说到养自然之心，晋代大诗人陶渊明特别值得称道，值得现代人学习。

陶渊明原是晋朝大司马陶侃的曾孙。他一生仕途不达。曾做过五次官，最后一次在家乡附近当了一个小县令，他在任大概一百多天时，有名督邮前来视察，旁人提醒他“应束带见之”，还要送些厚礼给他。陶渊明一听心里不高兴，督邮算个什么人物？乃乡里小儿。我怎能为五斗米折腰呢？这样他就找了个理由辞去了县令，回乡归隐后，回归自然。

返乡后，陶渊明过着耕读的生活，生活虽然并不富裕，但精神上自由，“采菊东篱下，悠然见南山”，他过着悠然自得的生活。以后他写下了《桃花源记》等著名作品，表达了他的理想。

晋代大书法家王羲之的字可谓冠绝天下，后世尊他为“书圣”。王羲之的字平和自然，笔势委婉含蓄，遒美健秀，后人评曰“飘若游云，矫若惊龙”，他的行书字帖《兰亭集序》被宋代米芾称为“天下行书第一”。他的字为什么写得那么好？

虽然与他平日勤学苦练不无关系，但他人生境界的高远起到了更大的作用。他的闻名天下的书法《兰亭集序》历来被人称重，其实《兰亭集序》不仅书法飘逸神俊，文字境界也不逊色。文章写道：

“永和九年，岁在癸丑，暮春之初，会于会稽山阴之兰亭，修禊事也。群贤毕至，少长咸集。此地有崇山峻岭，茂林修竹；又有清流激湍，映带左右，引以为流觞曲水，列坐其次。虽无丝竹管弦之盛，一觞一咏，亦足以畅叙幽情。”

“是日也，天朗气清，惠风和畅，仰观宇宙之大，俯察品类之盛，所以游目骋怀，足以极视听之娱，信可乐也。”

意思是：“永和九年，即癸丑年，三月之初，大家在会稽郡山阴县的兰亭聚会，为的是到水边进行消灾求福的活动。许多有声望有才气的人都来了，有年轻的，也有年长的。这里有高大的山和险峻的岭，有茂密的树林和高高的竹子，又有清水急流，在亭的左右辉映环绕。把水引到亭中的环形水渠里来，让酒杯漂流水上供人们取饮。人们在曲水旁边排列而坐，虽然没有管弦齐奏的盛况，可一边饮酒一边赋诗，也足以痛快地表达各自幽雅的情怀。”

“这一天，天气晴朗，和风轻轻吹来。向上看，天空广大无边，向下看，地上事物如此繁多，这样来纵展眼力，开阔胸怀，穷尽视和听的享受，实在快乐啊！”

这是何等舒畅的情怀，这又是何等开阔的生命境界！王羲之秉持这样的生命境界，把周围的山春草木和天、气、惠风、宇宙及万物品类全部都融合到自己的那400个字中去，如何能不成就人间的神品呢？

自然可以开启人的心灵、陶冶人的情操。人久居闹市，心久系官场，实际上活得很累，一些荣华富贵，一些名声赞誉都是表面的东西。人之所以不快乐，就是因为活得不够单纯。其实，不要去刻意追求什么，不要向生命去索取什么。月明风清时，人立于月下，就会突然觉得自己生活得很可笑、荒唐。整日费尽心思与人争斗，为官职而说那些不愿说的话，何必要这样难为自己？

此时，放下来，走出去，到自然的怀抱中沐浴春风，攀登高山，放歌旷野，你会舒服许多。自然是功名的清新剂。简单而自然，本身就是一种幸福。

修养心性，用质朴填满内心

原文

见素抱朴。（《道德经·十九章》）

意译

保持纯洁朴实的本性。

人生智慧

道家认为“见素抱朴”是人生至境。人须抛弃自己引以为傲的聪明机巧，抛弃自私自利的贪图之心，如果人人皆能如此，便不会有作奸犯科的盗贼，即所谓的“绝巧弃利，盗贼无有”，也就是让我们的心灵回归简朴。

如果我们将绝圣弃智的观念归纳到生命理想中，便是“见素抱朴，少私寡欲”。“见”指见地，观念、思想谓之见；“素”乃纯洁、干净；“朴”是未经雕刻、质地优良的原木。见素抱朴正是圣人超凡脱俗的生命情操，佳质深藏，光华内敛，一切本自天成，没有后天人工的刻意造作。

老子主张“绝仁弃义”，不以圣人标榜，不以修行为口号，做人简单如一张白纸，保持孩童般纯洁、单纯的心，那便是真修道。

丰子恺是我国著名的漫画家，他总像孩子一样生活着，保持着童心。他一生十分热爱孩子并善于教育孩子，他的儿女成了他作画和写文章的题材。他教育孩子的一条可贵的经验是：保持童心。他曾在《我与〈新儿童〉》一文中指出："我相信一个人的童心切不可失去。大家不失去童心，则家庭、社会、国家、世界一定温暖、和平和幸福。所以我情愿做'老儿童'，让人家去奇怪吧！"丰子恺曾作过一个生动的比喻，他认为由儿童变为成人，好比由青虫变为蝴蝶，而青虫生活和蝴蝶生活却是大不相同的。他告诫成年人：对待孩子，绝不能像在青虫身上装翅膀，教他与蝴蝶一同飞翔；而应该是蝴蝶敛住翅膀同青虫一起爬行。丰子恺常常唱着小曲逗孩子睡觉；三笔两笔画幅画引孩子们笑；和孩子们一起用积木搭汽车、造房屋；把小凳子摆成一排玩"开火车"；甚至和小女儿抢着看《新儿童》杂志，一起讨论里面的问题，玩里面的游戏。

古人认为，"素"如一张白纸，毫不沾染任何颜色，人的思想观念要随时保持纯净无杂，"不思善，不思恶"。单纯如孩童，这恐怕也是丰子恺的画受欢迎的原因之一吧。

可见，做人心地胸襟，应该随时怀抱原始天然的朴素，以此态度来待人接物，处理事务。个人拥有这种修养，人生一世便是最大的幸福；如果人人秉持这种生活态度，天下自然太平和谐。

《三字经》里的第一句话是"人之初，性本善"，儒家孟子也提倡"性本善"，曾说"人皆有不忍人之心。"见到一个牙牙学语的小孩子摇摇摆摆走向井边，无论何人，都会走上前去将他抱开。然而，善性存于心，往往受环境的影响，丧失了原本的善意。对此，荀子持有不同的看法，他在《性恶篇》开篇就说："人之性恶，其善者伪也。"人性本是恶的，其善是人为的，人有为善的可能，就在于后天的学习修为。对于本性的问题，可谓"仁者见仁，智者见智"，而老子的观点则更为深刻，即本性无善恶。

人性之初，本没有善恶之分的，本性是很难改变的，正所谓"江山易改，本性难移"。善恶只不过是在周边环境影响下依据本性而产生的，有善恶之分的不是本性而是习惯。本性是一种内在的东西，平时可能感觉不到它的存在，它却在暗中操控着你，决定着你的大部分习惯，决定着你的性格，甚至决定着你的人生。人本来生下来都很朴素、很自然，由于后天的教育、环境的影响，种种原因把圆满的自然的人性雕琢了，自己刻上了许多的花纹雕饰，反而破坏了原本的朴实。因此，人不要刻意雕琢自己本性的棱角，要保持住生命中最朴素的东西。

大浪淘沙沙去尽，沙尽之时见真金，大多数人都在浮华过后才意识到本色的可贵。质本洁来还洁去，不要让尘世浮华沾染了原本纯洁的心灵。玉不琢，不成器。但有时，人应该成为一块拒绝雕琢的"原木"，保留人性中单纯、善良、朴实的东西，不要让外在的雕饰破坏自然的本质。

第四章

无为而无不为

——无为而治的智慧

生命生生不息，达生只须无为

原文

万物并作，吾以观复。（《道德经·十六章》）

意译

世间万物共同蓬勃生长，我从万物的发展和变化中观察其循环往复的生命和运动规律。

人生智慧

老子认为，天地万物，都在永远不息的动态中循环旋转，在动态中生生不息，并无真正的静止。一切人事的作为、思想、言语，都同此理。是非、善恶、祸福、主观与客观，都没有绝对的标准。无论是历史，还是人生，一切事物都是无穷无尽、相生相克的，没有了结之时。

既然生命无常，且生生不息，那么，对待生命的态度，就成为千古圣贤时常讨论的一个话题。

传说中大禹有一句名言："生者寄也，死者归也。"活着是寄宿，死了是回家，一句可谓点透生死。古人也常说"通乎昼夜之道而知”，明白了黑白交替的道理，就懂得了生死。生命如同荷花，开放收拢，悠游自如。

人是惜命的，希望生命能够长久，才会有那么多的帝王将相苦修长生之道，却无法改变生命是短暂的这一事实；人是有贪欲的又是有惰性的，才会有那么多的“鸟为食亡”的悲剧发生；而人又是争上游的，所以才会有那么多的“只争朝夕”，从不松懈。但事实上，生命是虚无而又短暂的，它在于一呼一吸之间，在于一分一秒之中，如流水般消逝，永远不复回。

宇宙间万事万物时时刻刻都在变化，任何时间，任何地方，一切事情刹那之间都会有所变化，不会永恒存在。人生不过一次旅行，漫步在时空的长廊，富贵名利，如云烟过眼。

庄子临终时，弟子们准备厚葬他。庄子知道后笑了笑，幽了一默：“我死了以后，大地就是我的棺椁，日月就是我的连璧，星辰就是我的珠宝玉器，天地万物都是我的陪葬品，我的葬具难道还不够丰厚？你们还能再增加点什么呢？”学生们哭笑不得地说：“老师呀！若要如此，只怕乌鸦、老鹰会把老师吃掉啊！”庄子说：“扔在野地里，你们怕飞禽吃了我，那埋在地下就不怕蚂蚁吃了我吗？把我从飞禽嘴里抢走送给蚂蚁，你们可真是有些偏心啊！”

庄子就像一位思想深邃而敏锐的哲人，又像一位仪态万方的散文大师，他就这样以浪漫达观的态度和无所畏惧的心情，从容地走向了死亡，走向了在普通人看来万般惶恐的无限和虚空。

天下有生于无，一切从无中来到无中去，其实这正是生命的本真状态；只是有些人把生命想得过于复杂，令它承载了许多额外的沉重，因此失去了许多生活的真味。

有一只狐狸看到一个葡萄园结满了果实，可是它太胖了穿不进栅栏，于是它三天三夜不饮不食使身体消瘦下去。“终于能够进来了！好吃！好吃极了！”吃了不知多久，直到牙也倒了，肚皮也圆了，吃得厌烦了，却又发现钻不出去了，只好重施故技，又三天三夜不饮不食……结果是出来了没错，但肚子还是跟进去时一样。

人生又何尝不是如此？赤裸裸地诞生，又孑然而死去，仿佛这只狐狸，不停地穿梭于不同的果园之间，得到、失去，最后又回到起点。生命是一个过程，功名利禄，富贵荣华，生不带来，死不带去，无人能带走自己一生经营的名利，就让生命自在地绽放凋谢吧。生命的收与放，本质都是一样的。万物并作，所有生命都在自由中流转往复，我们只须静静地面对世间万物的生发、繁荣、衰灭，达生只须知晓无为的道理，如此，便是真正懂得了生命。

从“无”中挖掘出“有”的价值

原文

无为而无不为。（《道德经·四十八章》）

意译

领悟“道”的原理不要妄为，就能做到无所不为。

人生智慧

现在很多的人信奉“人定胜天”，觉得人的意志可以自由地主宰一切，强调意志的重要性。人们在不断接受社会期望、社会规范的过程中，内心里也就有了许多“应该”，现实中一旦出现了与“应该”相悖的事物，人们就会竭力改变它，用“理应如此”去要求现实，这样就出现了“理应如此”的想法与“就是如此”的事实之间的矛盾。自然和现实之间就开始“拧巴”。比如，某些人认为“在公众面前演讲应该自然大方，不应该口吃，不应该脸红”，一旦口吃、脸红出现后，他们就会惊恐不已，想方设法控制不应该出现的情况。但往往事与愿违，由于注意力的集中，对口吃、脸红的感觉就越来越敏感，以致陷入了恶性循环状态，形成了恐惧症、强迫症等神经质的症状。如何能使神经症患者从痛苦中解脱出来?

我们通过对老子思想的学习，或许能够解决这个问题，那便是“无为而治”。“无为而无不为”是老子的重要思想，他认为无为而为，反而能够有所作为。世间法则，均是在两个极端之间徘徊，自然界一切事物的产生、发展、变化都是无意识的、无目的的，但又处处符合或达到某种目的。花草树木、鸟兽鱼虫正因为没有人力干扰，才生长得自由自在，生机勃勃。

自然界能够“无为”，我们做人处世，更要效法天道，秉承天地生生不已、长养万物万类的精神。

老子明确强调“道常无为而无不为”。道“常无为”是说道的一切作用都是无目的的，是自然而成的；道“无不为”是说道产生天地万物，万事万物的产生都离不开道的作用。老子的无为而治的哲学给人提供了心理避难所，让人们坦然面对苦难，接受苦难，最后在不知不觉的“无为”当中使事物朝相反的方向转化，发现快乐的真相。

下面这个故事便是“无为”和“有为”的最好诠释。

三国时曹魏阵营有两个著名谋士，一是杨修，一是荀攸。杨修自恃才高，处处点出曹操的心事，经常搞得曹操下不了台，曹操“虽嬉笑，心甚恶之”，终于借一个惑乱军心的罪名把他杀了。而荀攸则完全是另一种下场。荀攸有着超人的智慧和谋略，不仅表现在政治斗争和军事斗争中，也表现在安身立业、处理人际关系等方面。他在朝二十余年，能够从容自如地处理政治旋涡中上下左右的复杂关系，在极其残酷的人事倾轧中，始终地位稳定，立于不败之地。

在当时的社会政治、经济条件下，曹操虽然以爱才著称，但作为封建统治阶级的铁腕人物，铲除功高盖主和有离心倾向的人，却从不犹豫和手软。荀攸则很注意将超人的智谋应用到防身固宠、确保个人安危方面。那么，荀攸是如何处世安身的呢？曹操有一段话很形象也很精辟地反映了荀攸的这一特别的谋略："公达外愚内智，外怯内勇，外弱内强，不伐善，无施劳，智可及，愚不可及，虽颜子、宁武不能过也。"可见荀攸平时十分注意周围的环境，对内对外、对敌对己，迥然不同，判若两人。参与谋划军机，他智慧过人，迭出妙策；迎战敌军，他奋勇当先，不屈不挠。但他对曹操、对同僚，却注意不露锋芒、不争高下，把才能、智慧、功劳尽量掩藏起来，表现得总是很谦卑、文弱、愚钝。

荀攸大智若愚、随机应变的处世方略，使得其在与曹操相处二十年中，关系融洽，深受宠信。从来不见有人到曹操处进谗言加害于他，他也几乎从未得罪过曹操，或使曹操不悦。建安十九年，荀攸在从征孙权的途中善终而死。曹操知道后痛哭流涕，对他的品行推崇备至，赞誉他为谦虚的君子和完美的贤人，这都是荀攸无为而作、明哲保身的结果。

"处无为之事"，从"无"中挖掘出"有"是说一切作为，应如行云流水，义所当为，理所应为，做应当做的事。做过了，如雁过长空，不着丝毫痕迹，没有纤芥在心，正如泰戈尔诗中所写，天空没有翅膀的痕迹，但鸟儿已经飞过。

无用之中的有用

原文

故有之以为利，无之以为用。（《道德经·十一章》）

意译

由此可见，如果对实实在在、看得见摸得着的材料进行改造，这样的材料本身提供了作用，而改造材料时出现了许多看不见摸不到的元素，这些元素也在为人们提供着作用。

人生智慧

“三十辐共一毂，当其无，有车之用。”老子用比喻的方式向人们讲述了“中空无用有大用”的道理。古代造车，车轮至关重要，车毂的中心支点是一个小圆孔，由此向外周延，共有30根支柱辐辏，外包一个大圆圈，便构成一个内外圆圈的大车轮。以这种30根辐凑合而构成的车轮来讲，没有哪一根支柱算是车轮载力的重点，因为30根平均使力，根根都发挥了特定的功能而完成转轮的效用，无所谓哪一根更重要。可是它的中心，却是空无一物，既不偏向支持任何一根支柱，也不做任何一根支柱的固定方向。因此才能活用不休，永无止境。

能够承担任重道远的负载的车毂，之所以能够活用不休，是因为有一个支持全体共力的中心圆孔，圆孔中空无物，因而能够承载多方力量，轮转无穷。这就是无用之用的大用，无为而无不为的妙处。

透过车轮的自然法则，人们便可以了解修身成就的要诀，即中空无物，任运于有无之间，虚怀无物，合众辅而成大力。“埏埴以为器，当其无，有器之用。”制作陶器，必须把泥土做成一个防范内外渗漏的周延外形，使它中间空空如也，才能使其在使用时，随意装载盛满，达到效果。

说到中空无用想到了一个有趣的历史人物的名字，《水浒》中梁山水泊的军师绰号智多星，名字却叫吴用，无用却有大用啊。

《庄子》一书中记载了一则有趣而深刻的故事。庄子行走于山中，看见一棵大树被奉为社神，这棵树大到可以隐蔽几千头牛，树干有数百尺粗。树梢有山头那么高，树干几丈以上才分生枝杈，很多枝杈都可以做成小船。伐木的人停留在树旁却不去动手砍伐。问他们是什么原因，伐木人不屑一顾地说：“那是没有用的散木。用它做船会沉，做棺材会很快腐烂，做器具就会毁坏，做门窗会流出汁液，做梁柱会生蛀虫。就是因为一无是处，所以才能长得那么茂盛。”庄子说：“这棵树就是因为不成材而能够终享天年啊！”庄子走出山来，留宿在朋友家中。朋友高兴，叫童仆杀鹅款待他。童仆问主人：“一只能叫，一只不能叫，请问杀哪一只呢？”主人说：“杀那只不能叫的。”

第二天，弟子问庄子："昨日遇见山中的大树，因为不成材而能终享天年；如今主人的鹅，因为不成材而被杀掉。先生你将怎样对待呢？"庄子笑道："我将处于成材与不成材之间。处于成材与不成材之间，好像合于大道却并非真正与大道相合，所以这样不能免于拘束与劳累。假如能顺应自然而自由自在地游乐也就不是这样了。没有赞誉，没有诋毁，时而像龙一样腾飞，时而像蛇一样蛰伏，跟随时间的推移而变化，而不愿偏滞于某一方面；时而进取，时而退缩，一切以顺和作为度量，优游自得地生活在万物的初始状态，役使外物，却不被外物所役使，那么，怎么会受到外物的拘束和劳累呢？这就是神农、黄帝的处世原则。至于说到万物的真情、人类的传习，就不是这样的。有聚合也就有离析，有成功也就有毁败；棱角锐利就会受到挫折，尊显就会受到倾覆，有为就会受到亏损，贤能就会受到谋算，而无能也会受到欺侮，怎么可以一定要偏滞于某一方面呢！可悲啊！弟子们记住了，恐怕还只有归向于自然吧！"

对于神木来说，无用便是生的方法，力求无用，但是到头来，无用对于他有大用。

因此，不必偏执地追求"有为"和"大用"，中国历史上有许多人，上至帝王将相，下至布衣隐士，似乎本身都无所作为，但却成就了大作为，就是因为他们谙熟了老庄"无用之材有大用"的处事之道。以虚无的胸怀包容一切功用，一切为我所用，才是真正的大用。

传世三宝，慈俭不为先

原文

我有三宝，持而保之：一曰慈，二曰俭，三曰不敢为天下先。（《道德经·六十七章》）

意译

我有三种宝物，长久以来一直持有着、守护着、用心保存着。第一种是慈爱，第二种是俭啬，第三种是不敢处于天下人的前面。

人生智慧

老子传了三件法宝：“曰慈，曰俭，曰不敢为天下先。”在这里，慈，指内心深处纯良与中正的外在表现；俭，指节制和收敛，即适中适可的行事方式；不敢为天下先，即居后与不争，说的是具体应该如何去做。凡事从“我”着手，恰好解决问题即可，无需过多的形式与修饰，否则，便是冗余。不敢为天下先，即不违背“道”，做事符合“道”的准则，无论是事物内在的道还是外在的道。背“道”而驰，就会冒天下之大不韪，循“道”而行，也有一定的前提要求，即“不敢”的时候，不具备某种能力的时候，没有认清某种“势”的时候，就不要“螳臂当车”，为天下之先。

汉文帝极为推崇且深谙“黄老之道”，他是将老子的传世三宝真正身体力行的一代君主，慈、俭、不敢为天下先，都逐一做到。

汉文帝即位不久，就下了一道诏书说：“一个人犯了法，定了罪也就是了，为什么要把他的父母妻儿也一起逮捕办罪呢？我不相信这种法令有什么好处，请你们商议一下改变的办法。”大臣们一商量，按照汉文帝的意见，废除了一人犯法、全家连坐的法令。后来的缇萦上书，废除肉刑，更是文帝仁慈治天下的表现。临淄太仓令淳于意因无心官场，辞官归故成为一名郎中。一次，当地一位富商的妻子生了病，请淳于意医治，不料病人不治身亡，大商人仗势向官府告了淳于意一状，当地官吏判处其“肉刑”，将其押赴长安。淳于意的小女儿陪父前往长安，并托人写了一封奏章传入宫门，乞求皇帝废除惨无人道的肉刑，自己甘愿没为官奴替父赎罪。汉文帝看了信，召集群臣，说：“犯罪受罚，理当如此。但肉刑过于残酷，不利于人改过自新，将之取缔吧！”

吕祖谦曾说过：“凡四百年之汉，用之不穷者，皆文帝之所留也。”综观西汉文帝在位的言行政措，有一点特别突出，即“躬自俭约”，文帝敦朴节俭是臣民的表率。《史记·孝文本纪》中记载：文帝即位执政23年间，生活俭朴，身着粗袍；修建陵墓全用泥瓦，甚至连墓室装饰也明令不准使用金、银、铜、锡等贵重金属；所宠爱的慎夫人，也随文帝过着简朴的生活，平时不着一般贵妇穿的拖地长裙，而是像劳动妇女那样“衣不曳地”，所居住的室内帷帐全无雕龙绣凤的纹饰。一次，汉文帝想在宫内修一座露台，就向工匠打听所需花费，当工匠告诉他修成需要百金时，汉文帝马上感叹：“这花费相当于十户中等人家的财产啊。”于是放弃了原先的打算。

此外，文帝还经常揽过失于自身，他说：“我听说天之道是祸自怨恨而起，福由行德而生，百官的不对，应该由我亲身负责……我不英明，不能施德及远，致使边疆的人们不得宁息。”汉文帝下罪己诏非常频繁，无论天象异常或外患日亟，他都要罪己反省。后世许多人认为时为代王的刘恒在继承帝位之前的谦虚不过是一场“不敢为天下先”的表演，即便如此，也是文帝将黄老之术运用娴熟的表现吧。

汉文帝学习老子可谓抓住了其精髓所在，故能成为一代名主。后世帝王因此十分推崇他，却少有人能真正做到，更别说与之比肩了，反而不少人假冒为善，欺世盗名。电视剧《宰相刘罗锅》中曾有几个场景便将乾隆皇帝“效法”先贤的虚伪之举表现得淋漓尽致：他奖赏一位身着补丁官服的虚伪官吏，标榜俭朴；他对西洋供奉的舰船模型不屑一顾……

电视是在杜撰历史，也是在重现历史，许多封建帝王都是在老子传世“三件宝”中学到了些皮毛，便自欺欺人。

老子的三件宝经过了历代的演绎，后人恐怕已找不出其原本的含义了，只有抓住关键，才能真正在老子的告诫中安守清净，从容处世。

耐住寂寞，才能催生一个人的成长

原文

有物混成，先天地生。寂兮寥兮，独立而不改，周行而不殆，可以为天地母。（《道德经·二十五章》）

意译

有种东西浑然而成，它在天地形成出现之前就已经存在了。它没有声音也没有具体的形象，它不依靠任何外力而独立长存，周而复始地循环运行从不停息，它甚至可以作为天地万物的母体。

人生智慧

自古以来，坚持的头号大敌就是诱惑，就是耐不住寂寞。有这么一句话："我什么都能抵制，除了诱惑。"因为耐不住寂寞和诱惑，我们丧失了志向，偏离了方向，始终登不上成功之船。

一个人想成功，一定要经过一段艰苦的过程。任何想在春花秋月中轻松获得成功的人都是枉然。这寂寞的过程正是你积蓄力量，在开花前奋力地汲取营养的过程。如果你耐不住寂寞，成功永远不会降临在你身上。

法国昆虫学家法布尔在他的十卷本巨著《昆虫记》中，曾描写过蝉从出生到死亡的全过程。蝉的生命期仅仅30天，而为了这极短暂的30多天的飞翔高鸣，它们的幼虫要在泥土里等待四年的时间。在四年漫长的痛苦等待中，必须经受各种自然灾害的袭击和天敌的入侵，保存下来，才有生化为蝉的机遇。

这就是大自然的规律。人生要想获得成功，首先都需要耐得住寂寞，寂寞能促进一个人成长，寂寞是成功的另一种境界。

可是，现实生活中，许多人害怕寂寞，时时借热闹来躲避寂寞，麻痹自己。滚滚红尘中，已经很少有人能够固守一方清静，独享一份寂寞了，更多的人脚步匆匆，奔向人声鼎沸的地方。殊不知，热闹之后的寂寞将更加寂寞。如能在热闹中独饮那杯寂寞的清茶，也不失为人生的一种好的选择。但是，寂寞并不是每个人都懂得享受的！

对未来进行抗争的人，才有面对寂寞的勇气；在昔日拥有辉煌的人，才有不甘寂寞的感受。为了收获而不惜辛勤耕耘、流血流汗的人，才有资格和能力享受寂寞。

唯一获得奥斯卡最佳导演奖的华人导演李安，正是能够坚守寂寞的非凡代表。

李安去美国念电影学院时已经26岁，遭到父亲的强烈反对。父亲告诉他：纽约百老汇每年有几万人去争几个角色，电影这条路是走不通的。李安毕业后，七年，整整七年，他都没有工作，在家做饭带小孩。有一段时间，他的岳父岳母看他整天无所事事，就委婉地告诉女儿，也就是李安的妻子，准备资助李安一笔钱，让他开个餐馆。李安自知不能再这样拖下去，但也不愿拿丈母娘家的资助，决定去社区大学上计算机课，从头学起，争取找一份安稳的工作。李安背着老婆硬着头皮去社区大学报名，一天下午，他的太太发现了他的计算机课程表。他的太太顺手就把这个课程表撕掉了，并跟他说："安，你一定要坚持你的梦想。"

因为这一句话，因为有这样一位明理智慧的太太，李安最后没有去学计算机。如果当时他去了，多年后就不会有一个华人站在奥斯卡的舞台上领那个很有分量的奖。

可以说，李安身上蕴藏着一股道家的逍遥寂寞的气质。某种程度上我们可以说，人生只有耐得住寂寞，才有可能收获真正的成功。

我们的生命是有限的，但人生却是无限精彩的。只有耐得住寂寞的人，才是更能收获成功的人。西方有位哲人在总结自己的一生时说过这样的话："在我整整75年的生命中，我没有过过四个星期真正的安宁。这一生只是一块必须时常推上去又不断滚下来的崖石。"所以，追求宁静，或者是追求寂寞对许多人来说成了一个梦想。由此看来，寂寞并不是每个人都能享受的。

许多人把失意、伤感、无为、消极等与寂寞联系在一起，认为将自己封闭起来就是寂寞，其实，这是一种误解。倘使这样去超越生活，不仅限制生命的成长，还会与现实产生隔阂，这样的人只是逃避生活。

寂寞是一种感受，是一种难得的感觉，是心灵的避难所，会给你足够的时间去舔舐伤口，使你重新以明朗的笑容直面人生。

懂得了寂寞，便能从容地面对阳光，将自己化做一杯清茗，在轻啜深酌中渐渐明白，不是所有的生长都能成熟，不是所有的欢歌都是幸福，不是所有的故事都会真实。有时，寂寞是穿越灿烂而抵达美丽的一种高度、一种境界。

有时，学会放弃才会取得成功

原文

为者败之，执者失之。是以圣人无为，故无败；无执，故无失。（《道德经·二十九章》）

意译

任意妄为的人会招致失败，执着强求的人会使希望落空。因此，圣人无所作为，也就不会招致失败；不曾执着，也就不会希望落空了。

人生智慧

从某种意义上来讲，成功学也是一门放弃的哲学。老子告诉我们，对有些事情是没有必要执着的，必须学会选择，学会放弃。

在人生中，必要的放弃不是失败，而是智慧；必要的放弃不是削减，而是升华。放弃才是一种非常正确的思维方式。

我们都有这样吃水果的经历：有时候水果买多了，或者是自己刚买了，朋友又拿来一些，单位一下子也发了一大箱，不可能及时吃完，这时候家里人就会有分歧：孩子们多半挑好的吃，而年纪大的人一般都会先拣不好的吃。等到把坏的吃完了，好的也变坏了，结果往往是很多人从头到尾就没有吃到一个好水果。

面对一箱水果时，有人从烂的开始吃，吃了一箱都是烂的，有人从好的开始吃，至少能吃半箱好的。不懂得放弃的人，内心其实是有一种错误的贪婪的思维方式：我全都要！结果却往往很不理想：要了坏的，放弃了好的；抓住了芝麻，丢掉了西瓜。

贪小失大，也许这是多年物质匮乏造成的后遗症，但从意识根子上来说，这不是一种节俭的行为，而是一种贪婪和奢望。他们主观上希望能把全部水果都享受到肚子里，而有意无意地忽略了客观条件的制约，也就是说想全部占有而不想放弃任何一个。

生活中不会放弃的例子还有很多，不会放弃的人总给自己背上许多沉重而愚蠢的负担。比如说那些样式过时、穿上去使你感觉很不舒服的旧衣服，许多人并不想扔掉，让它们占据着本就拥挤的空间，还要不断地收拾、整理，费时费力；还有很多自己不喜欢的照片，从来也没有想着把它们销毁，日积月累地堆积在影集里，看一次别扭一次；还有很多从来也用不上、也没什么纪念意义的东西等。

这些小问题实质上反映了一种常见的、错误的思维方式：在种种客观条件的制约下不会放弃，也就不会去抓住主要矛盾，使自己的人生、自己的企业具有核心竞争力。

春秋时期，晋文公即位以后，整顿内政，发展生产，把晋国治理得渐渐强盛起来，他也想能像齐桓公那样，做个中原的霸主。

晋文公做霸主的愿望首先受到了楚国的反对，于是进行了一场战争。战争开始的时候，楚军一进军，晋文公立刻命令往后撤。晋军中有些将士可想不开了，说："我们的统帅是国君，对方带兵的是臣子，哪有国君让臣子的理儿？"

狐偃解释说："打仗先要凭个理，理直气就壮。当初楚王曾经帮助过主公，主公在楚王面前答应过，要是两国交战，晋国情愿退避三舍。今天后撤，就是为了实现这个诺言啊。"

晋军一口气后撤了90里，到了城濮（今山东鄄城西南）才停下来，布置好了阵势。楚国有些将军见晋军后撤，想停止进攻，可是楚军统帅成得臣却不答应，一步盯一步地追到城濮，跟晋军遥遥相对。成得臣还派人向晋文公下战书，措辞十分傲慢。晋文公也派人回答说："贵国的恩惠，我们从来都不敢忘记，所以退让到这儿。现在既然你们不肯谅解，那只好在战场上比个高低。"

大战展开了。才一交手，晋国的将军用两面大旗指挥军队向后败退。他们还在战车后面拖着伐下的树枝，战车后退时，地上扬起一阵阵的尘土，显出十分慌乱的模样。成得臣一向骄傲自大，不把晋军放在眼里，他不顾前后地直追上去，正中了晋军的埋伏。楚军被杀得七零八落。

晋军占领了楚国营地，把楚军遗弃下来的粮食吃了三天，才战胜回国。

晋文公表面上主动让步，让楚国先进军，实际上，这是一种十分巧妙的策略。通过这种让步，晋国在道义上做到了仁至义尽，让楚国不再有攻击晋国的口实。正是这种巧妙的安排，让晋国不费力气地取得了战斗的胜利，并且扬威于天下。退避三舍之退，不是消极地退，被动地退，而是主动地退，通过退让而寻找进的机会，积累进的力量。后发制人应相机而动，不可拘泥于一法。所以，适度的退让不仅能够让自己在道义上获得更广泛的支持，而且能够打击敌人的锐气，从而取得成功。

声色货利的感官享受便是人生中的陷阱

原文

五色令人目盲，五音令人耳聋，五味令人口爽。驰骋畋猎令人心发狂，难得之货令人行妨。

是以圣人为腹不为目。故去彼取此。（《道德经·十二章》）

意译

缤纷的五色让人眼瞎，繁乱的五音让人耳聋，混杂的五味让人口伤，纵马驰骋围猎让人内心发狂，金银财宝让人德行败坏。所以，圣人只求温饱，不放纵自己，放弃物欲，只求生存。

人生智慧

老子说，缤纷的色彩使人眼花缭乱，嘈杂的声音使人听觉失灵，浓厚的杂味使人味觉受伤，纵情猎掠使人心思放荡发狂，稀有的物品使人行为不轨，因此，圣人应该致力于基本的维生事务，不耽乐于感官的享乐，有所取舍。

对于人来说，善于用物可以，但绝不可被物所用，以免在与现实外物的博弈中输得一塌糊涂。从古至今，又有几人能够脱离利益、外物的束缚，用现实而不为现实所用呢？

长平之战前，赵王中了秦国的反间计，免除了赵国当时唯一能指挥军队抵抗秦军的廉颇的职务。这一免职的结果是，赵国痛失国之千城，廉颇喜得世态三昧。“失势之时，故客尽去。”诚如《金瓶梅》所言，趋炎附势者，“得势叠肩来，失势掉臂去。”然而天道轮回，不久，赵国为救亡图存，再次起用廉颇。“客又复至。廉颇曰：‘客退矣。’客曰：‘吁！君何见之晚也？夫天下以市道交，君有势，我则从君，君无势则去。此固其理也，有何怨乎？”

有利可图，趋之若鹜；权势一去，作鸟兽散。以小人之眼看这个社会，一看一个准。这位门客是小人，也是快人，一语点破了世态真相。

声、色、货、利以及口腹之欲，常常让人们任性自欺而上当受骗，许多人都心甘情愿地跳入陷阱而不自知。

一条小鱼问阅历丰富的大鱼道：“妈妈，我的朋友告诉我，钓钩上的东西是最美的，可就是有一点儿危险，要怎样才能尝到这种美味而又保证安全呢？”“亲爱的孩子。”大鱼说，“这两者是不能并存的，最安全的办法就是绝对不去吃它。”“可它们说，那是最便宜的，因为它不需要任何代价。”小鱼一脸艳羡。“这可就完全错了。”大鱼说，“最便宜的很可能恰好是最贵的，因为它希图别人付出的代价是整个生命。你知道吗，它里面裹着一只钓钩？”“要判断里面有没有钓钩，必须掌握什么原则呢？”小鱼又问。“那原则其实你都已经说了。”大鱼说，“一种东西，味道最鲜美，价格又最便宜，似乎不用付出任何代价，那么，钓钩很可能就藏在里面。”

大鱼的判断原则对于人来说，同样适用。人们有时像一只无意中掉入米缸的老鼠，满目都是白花花的大米，欣喜着不必辛劳出去觅食，却不见缸究竟有多深。吃着存米，做着美梦，眼看着米一天天减少，自己离缸口也越来越远，却总舍不得抽身离去。直到有一天，缸中米已见底，才发现自己想跳也跳不出去了。

声色货利，自古以来，便被奸人运用得得心应手。

盛唐以后，宦官专权日趋严重，继高力士后，宦官李辅国独揽朝政，甚至对代宗说："大家（指皇帝）但内里坐，外事皆听老奴处置。"几十年后，唐朝廷又出了一个擅权干政的大宦官仇士良。仇士良擅权揽政二十余年，一贯欺上瞒下、排斥异己、横行不法、贪酷残暴，先后杀二王、一妃、四宰相。史书评价他是"有术自将，恩礼不变"，有长期把持朝政大权的秘诀。那么他的最大奸术又是什么呢？在感到日暮途穷、有可能遭到武宗清算时，仇士良这个老奸巨猾的阉党首领自动请求告老还乡，希望以退自保，临行前，他对送行的喽啰、宫内爪牙们说："要把皇帝控制在手里，千万不可让他有空闲工夫，他一有空闲，势必就要读书，接见文臣，听取他们的谏劝，智深虑远，不追求吃喝玩乐。这样，我们就不能得到宠信，权势也会受到影响。为了你们今后的前程打算，不如广置财货鹰马，用以迷惑皇帝，使他极尽奢侈，没有一点空闲时间。这样，皇帝就必然不留心学问，荒怠朝政，天下事全听凭我们，宠信、权力还能跑到哪里去？"这一席话说得众宦官茅塞顿开，如获至宝，一个个俯首拜谢。

以声色犬马困住你，让你无暇顾及其他，只知道，此间乐，不思蜀，自己却慢慢沦为别人的傀儡。

受圣人推崇的不言之教

原文

是以圣人处无为之事，行不言之教；万物作而弗始，生而弗有，为而弗恃，功成而弗居。（《道德经·二章》）

意译

正是这样，圣人在处事方面采用“无为而治”的做法，实施无言的教化方针，任凭万物自然生长而不首倡。给万物生命而不因为这一点将其据为己有，养育万物也不因为这一点而自恃能力甚高，帮助万物成就自己也不会居功自傲。

人生智慧

老子认为“处无为之事，行不言之教”，是为上智。不言之教的确是人生智慧的最高境界，却很难做到。唐朝著名的诗人白居易，曾以一首七言绝句讽喻老子：“言者不如知者默，此语吾闻于老君；若道老君是知者，缘何自著五千文。”其实，不只白居易，后世的很多人都对此存有疑问：老子既然推崇“不言之教”，为何又洋洋洒洒写了《道德经》呢？

关于上面的问题，有一个有趣的故事。

老子看见周王朝日趋衰败，不可救药，便抽身离去。他骑着一匹青牛，只身前往西域。要到西域去，必须经过一个关口，即函谷关。守关的长官叫关令尹喜，是一个学识渊博、颇有见地之人。这日，尹喜到城头瞭望，见辽阔碧空中一团紫气自东冉冉而来，料定今日必会有圣人到来。没过多久，他便看见一个人骑着青牛而来，原来正是当时名重一时的伟大思想家老子。

关令亲自打开城门邀请老子。他恭敬地对老子说："我仰慕您的道德学问，想拜您老为师。"老子道："我已老了，腹中空空，没有什么学问，怎么好意思开口教人呢？"尹喜见他推托，便说："您满腹经纶，如果不留下些东西来，恐怕很难走出这个函谷关的。"老子知道无法推托，便接过尹喜递上的笔，一口气在竹简上洋洋洒洒写下了五千个字，这就是后世称为《老子》的一部书。因为这书上篇开卷谈"道"，下篇首章谈"德"，所以又称《道德经》。老子之所以自著五千文，一方面由于关令的"胁迫"，另一方面也是知音难觅。尹喜拿起老子写好的书稿，认真拜读，最后决定放弃官职，与老子一同出走西域，后来人们还看到他们二人一起在流沙里行走。

虽然只是传说，但也可以看出老子著书立说并非为了沽名钓誉，白居易错解了圣人，他并没能真正地理解老子"行不言之教"的意图。提及"不言之教"，便又联想起佛经中一则异曲同工的故事——拈花微笑。这则如诗般的动人故事，将心灵修养觉悟妙不可言的境界展现得淋漓尽致。

相传释迦牟尼佛在灵山法会上，手里拈着一朵花，对着大众微笑，听说就在那拈花示众和微笑之间，已经把所有的佛法都道尽了，把生活的智慧和艺术说得清晰明澈。然而，法会上的大众，都面面相觑，不知道佛祖说的是什么。这时座中有一位叫大迦叶的弟子，却对佛陀报以会心的微笑，就这样发生了禅宗的第一次传灯。师徒之间心领神会，释迦牟尼便对大迦叶说："吾有正法眼藏，涅槃妙心，实相无相，微妙法门，不立文字，教外别传，付嘱摩诃迦叶。"

这一拈一笑间便传递了一切，也包容了一切，它绽放着心灵的和谐、完美与圆融。觉悟是一种智慧，它是长时间思考后灵感在一瞬间迸发出的光芒，它也是历经人生后那无言的微笑。

其实，这里老子所谓的"行不言之教"，说的就是万事以言教不如身教，光说不做，或做而后说，往往都是徒费唇舌而已。

古代有位宰相的妻子非常重视儿子的前途发展，她每天不辞劳苦地劝告儿子要努力读书，要有礼貌，要讲信用，要忠于国君。而宰相却是早上离开家去上朝，晚上回来则博览群书，处理政务。爱儿心切的夫人终于忍不住说："你别只顾你的公务和书本，你也该好好地教化指点自己的儿子啊！"宰相眼不离书地说："我时时刻刻都在教育儿子啊！"言传不如身教，身体力行，更能将自己所要讲述的道理形象深刻地表达出来。

确实，言教不如身教，与其耳提面命，不如学习老子以无言的行动来达到教育的目的。所谓不言之教，一切尽在不言之中，又何必一字一句地点明？圣人以不束缚、不歪曲、不干涉的无为态度来为人处事，以自己具体的无为的行动来影响教化人民，清静无为，以德化民，不施酷法，不用苛政，正己化人，使人民不知不觉地处于浑厚的淳风之中。

第五章

大直若屈，大巧若拙

——大智若愚的智慧

抱愚守拙，看似无用实有大用

原文

绝圣弃智，民利百倍；绝仁弃义，民复孝慈；绝巧弃利，盗贼无有。此三者，以为文，不足。（《道德经·十九章》）

意译

统治者不能自作聪明，而应丢弃那些智巧，这样人民就可以得到百倍的福利。而统治者抛弃那些虚伪的仁义，人民就能够重新变得孝敬和慈爱。抛弃巧诈和趋利的思想，盗贼也就不会出现了。“圣智”“仁义”“巧利”这三个方面，以它们作为治世的法则是远远不够的，这些并非人民的内心和根本的思想，所以它们不足以拿来治理天下。

人生智慧

老子主张抱愚守拙，认为“绝仁弃义”，不以圣人标榜，不以修行为口号，只要老老实实、规规矩矩做人，便是真修道。他还曾说：“良贾深藏若虚，君子盛德容貌若愚。”意思是真正有本领的人懂得隐藏自己的实力，不会轻易将才艺外露，韬光养晦才是聪明人之所为。真正的大用看似无用，实则抱愚藏拙，能包容一切人的长处，而自己以“无用”的面目示人。

森林里，大象不断地被人类猎杀，但人类并没有运走大象庞大的身躯，而是仅仅取走了象牙。大象们为了生存，终日东躲西藏，时时提高警惕，但还是难逃厄运，它们一只接一只地倒在人类的枪口下。但奇怪的是，有一只公象却从未受到人类的威胁，它从容地到处转悠，有时还能到人类居住的村庄附近吃玉米，而且人类见了它，甚至和它打招呼，表现得很友善，其他大象对此极为不解。“你有什么秘诀吗？人类为什么从不伤害你，却总是把枪口对准我们呢？”大象族长问它。“你看我与你们有什么不同吗？”那只公象问族长和其他同类。“你……你……的牙？”大象族长惊讶得说不出话来。“是的，我没有牙齿。从很早以前起，我每天做的第一件事就是磨自己的牙，而正是因为没有牙齿，人类枪杀我就没有任何价值，所以我能从容、悠闲地生活着。”

我们不得不赞叹那只公象的智慧。象牙是公象吸引配偶的绝佳武器，哪只象的牙粗壮、美丽，它就会更加受青睐，公象们都以自己的象牙为荣。然而，正是这代表荣誉的象牙，却因受到人类的觊觎而为公象引来了杀身之祸。此时，磨掉象牙、收敛自己的锋芒，才是保护自己的最好方法。

曾国藩是中国历史上最有影响的人物之一，其为人处世堪称难得。他常对家人说，有福不可享尽，有势不可使尽。他平日最喜欢“花未全开月未圆”七个字，将其视作惜福保泰之法，常存冰渊惴惴之心，处处谨言慎行。他的处世原则是：趋事赴公，则当强矫；争名逐利，则当谦退。开创家业，则当强矫；守成安乐，则当谦退。出与人物应接，则当强矫；入与妻奴享受，则当谦退。若一面建功立业，外享大名，一面求田问舍，内图厚实，二者皆盈满之象，全无谦退之意，则断不能长久。

关于曾国藩还有一则有趣的故事。曾国藩天赋不高，少时在家苦读，一篇文章不知重复多少遍了，还没能诵出。时下有一贼，潜伏在他的屋檐下，希望等他睡觉之后行窃，无奈听他翻来覆去地读同一篇文章，却无法记诵。贼人大怒，跳出来说："这种水平还读书做甚？"随后将那文章背诵一遍，扬长而去!

贼人比曾先生聪明，却依旧是个无名小贼，曾国藩以规矩之道为人处世，功成名就又全身而退，实乃真修道之人。古今中外，这样的事不胜枚举。所以一些真正有智慧的人，一般都采取"守拙"的方法来保护自己。

过于聪明的人，常是别人猜忌的对象，因为任何有所图谋的人，都担心从事情刚开始筹划时便被识破。一旦发现有人独具慧眼，那么为了保全自己的一切，必会千方百计、不择手段地加以掩盖，散布流言，捏造罪名。人须抛弃自己引以为傲的聪明机巧，才能保护好自己，才能从容地生活。

过分炫耀自己，反而难成大事

原文

自见者，不明；自是者，不彰；自伐者，无功；自矜者，不长。（《道德经·二十四章》）

意译

常常炫耀自己高明的人，反而让别人无法看到他的高明所在；总是自以为是的人，他的优点反而无法真正地得到彰显；自吹自擂居功自傲的人，反而没有人会承认他的功绩；自我膨胀的人，也难以成为领袖人物。

人生智慧

道家主张逍遥任性，但是在道家看来，真正的个性与众不同不是一味地炫耀自己，彰显不同，而是一种智慧的人格气质与行为方式，所以一个人学习道家的做人之道，就须知道在这个社会上为人处世，我们必须学会收敛自己，不要不看时机与环境地彰显自己的个性。因为人的优势往往会成为他致命的弱点，学会收敛锋芒才是保护自己的最佳方法。老子对于这个道理作了简明的总结："自见者，不明；自是者，不彰；自伐者，无功；自矜者，不长。"

《庄子·杂篇·徐无鬼》中记载了这样一则寓言：吴王渡过长江，登上猕猴聚居的山岭。猴群看见吴王打猎的队伍，惊惶地四散奔逃，躲进了荆棘丛林的深处。有一个猴子留下了，它从容不迫地腾身而起抓住树枝跳来跳去，在吴王面前显示它的灵巧。吴王用箭射它，他敏捷地接过飞速射来的利箭。吴王下命令叫来左右随从打猎的人一起上前射箭，猴子躲避不及抱树而死。

吴王回身对他的朋友颜不疑说："这只猴子夸耀它的灵巧，仗恃它的便捷而蔑视于我，以至受到这样的惩罚而死去！要以此为戒啊！唉，不要用傲气对待他人啊！"颜不疑回来后便拜贤士董梧为师用以铲除自己的傲气，弃绝淫乐辞别尊显，三年以后，全国的人个个都称赞他。

猕猴之所以有那样的悲惨结局，原因就在于它太爱自我炫耀，反而因此成了众人反感、厌恶的对象。而且不知道看时机场合，结果面临险境自己还不知道。

唐朝诗人刘禹锡，才高八斗，学富五车，为人爽直，特立独行，但有时做人锋芒太露、不够圆通，故惹来不少麻烦。

当时有个风俗，举子在考试前都要将自己的得意之作送给朝廷有名望的官员，请他们看后为自己说几句好话，以提高自己的声誉，称之为"行卷"。襄甲有位才子牛僧孺这年到京城赴试，便带着自己的得意之作，来见很有名望的刘禹锡。刘禹锡很客气地招待了他。听说他来行卷，便打开他的大作，毫不客气地当面修改他的文章。不料，牛僧孺是个非常自负的人，从此便记恨于心。后来，由于政治上的原因，刘禹锡仕途一直不很得意，到牛僧孺成为唐朝宰相时，他还只是个小小的地方官。

一次偶然的机会，刘禹锡与牛僧孺相遇在官道上，两个人便一起投店，喝酒畅谈。酒酣之际，牛写下一首诗，其中有“莫嫌恃酒轻言语，曾把文章谒后尘”之语，显然是对当年刘禹锡当面改其大作一事耿耿于怀。刘见诗大惊，方悟前事，赶紧和诗一首，以示悔意，牛才解前怨。

刘禹锡后来感叹道：“我当年一心一意想扶植后人，谁料适得其反，差点惹来大祸。”

刘禹锡当初心直口快，不想这倒成为自己日后惨痛遭遇的祸根，他是用了几十年的教训才得以参透这门学问的啊。

为逞一时之快而不顾后果真是个危险游戏。如果一个人显示出自己要逆潮流而行，神气活现地炫耀自己反传统的观念和怪异的行为方式，那么，人们会认为他只是想哗众取宠，引起别人的注意，而且他们还会因此而轻视他。人们会找出一种办法惩罚、排挤此人，因为这个人让他们觉得自己低人一等，技不如人。

所以说，过分彰显自己是危险的，做人不妨适时收敛起自己的光芒，让自己的行为看起来与众而同，这样，做人才不会受到太多的阻力，道家认为，这才是保持特质与实力的最佳途径。

自作聪明是痛苦之源

原文

绝圣弃智，民利百倍。（《道德经·十九章》）

意译

统治者不能自作聪明，而应丢弃那些智巧，这样人民就可以得到百倍的福利。

人生智慧

生活中，喜欢显耀小聪明的人，往往是智者眼中的真愚人。一个人真正明白自己无知浅薄的人，才是真正离智慧最近的人。那些习惯于夸夸其谈炫耀聪明的人，一般都是学识与见地平平的人，这些人若是在平庸的人群面前也许还可以卖弄一番，一旦遇上了强者、大家，那就要出丑贻笑大方，甚至自陷灾祸了。

机关算尽太聪明，反误了卿卿性命。人的聪明才智总是有限，不可能将所有的一切都规划妥当，毕竟人生本来就有无穷变数。许多人自以为聪明，其实不过是流于表面，工于计巧，惯于矫饰，心好张扬，斤斤计较，吃不得半点亏，外智而内愚。

老子反对标榜圣人，反对卖弄世智辩聪。春秋战国之间，善于奇谋异术的高人，一个比一个高明。然而，那个时代的世局也特别地动荡不安，人命危如累卵，随时都有被毁灭的可能。老子对那个时代，深深感到痛苦和不满，因此他认为人们如果不卖弄聪明才智，本来还会有和平安静的生活，那些标榜圣人、标榜智慧的才智之士事实上是美好生活的破坏者。

纵观历史，很多人要小聪明，结果身心反为之所累，甚至因此招来杀身之祸。三国时期的杨修就是以要小聪明最终遭祸的典型。

据史记载，杨修是曹操门下掌库的主簿。此人生得单眉细眼，貌白神清，博学能言，智识过人。但他自恃其才，竟小觑天下之士。

一次，曹操令人建一座花园。快竣工了，监造花园的官员请曹操来验收察看。曹操参观花园之后，是好是坏是褒是贬一句话也没有说，只是拿起笔来，在花园大门上写了一个“活”字，便扬长而去。一见这情形，大家犹如丈二和尚，摸不着头脑，怎么也猜不透曹操的意思。杨修却笑着说道：“门内添‘活’字，是个‘阔’字，丞相是嫌园门太阔了。”官员见杨修说得有道理，立即返工重建园门，改造停当后，又请曹操来观看。曹操一见重建后的园门，不禁大喜，问道：“谁知道了我的意思？”左右答道：“是杨修主簿。”曹操表面上称赞杨修的聪明，其实内心已开始忌讳杨修了。

又有一回，塞北送来一盒酥孝敬曹操，曹操没有吃，只是在礼盒上亲笔写了三个字“一合酥”，放在案头上，自己径直出去了。屋里其他人有的没有理会这件事，有的不明白曹丞相的意思，不敢妄动。这时正好杨修进来看见了，便堂而皇之地走向案头，打开礼盒，请众人一起把酥饼一人一口地分吃了。曹操进来见大家正在吃他案头的酥饼，脸色一变，问："为何吃掉了酥饼？"杨修上前答道："我们是按丞相的吩咐吃的。""此话怎讲？"曹操反问道。杨修从容地应道："丞相在酥盒上写着'一人一口酥'，分明是赏给大家吃的，难道我们敢违背丞相的命令吗？"曹操见又是这个杨修识破了他的心意，表面上乐哈哈地说："讲得好，吃得对，吃得对！"其实内心已对杨修产生厌恶之情了。可杨修还以为曹操真的欣赏他，所以不但没有丝毫收敛，反而把心智用在琢磨曹操的言行上，并不分场合地卖弄自己的小聪明，从而也不断地给自己埋下祸根，最终因"鸡肋"事件被曹操诛杀。

世人常因自己的聪明才智而自命不凡，投机取巧，最后葬送的却是自己。过于卖弄聪明就会成为众矢之的，而摆正自己的位置，厚积薄发，在适当的时机表现出来，才是成事之道。正如英国著名外交家切斯特菲尔德所说的那样："要比别人聪明，但不要让他们知道。"外露的聪明远不如深藏的智慧更有实际意义。

苏东坡在其《洗儿》一诗中这样写："人皆养子望聪明，我被聪明误一生。惟愿孩儿愚且鲁，无灾无难到公卿。"苏东坡对自己一生因聪明而受的苦真是刻骨铭心，以至于希望自己的儿子愚钝一点，才能躲避各种灾难。所以说处世为人，千万不可被聪明所误，过于聪明正是许多人的痛苦之源。人生也是如此，人人都玩弄聪明才智，只会让世界繁杂凌乱，绝圣弃智，才能朴实安然地生活。

大智若愚，真正的大智慧

原文

大巧若拙，大辩若讷。（《道德经·四十五章》）

意译

最精巧的东西反而显得有点笨拙，最善于辩论的人似乎有些不善言辞。

人生智慧

老子说：最有智慧的人、真正有本事的人，虽然有才华学识，但平时像个呆子，不自作聪明；虽然能言善辩，但好像不会讲话一样。言语的讷者，行动的敏者，才是真正的智者，是大智若愚，这也正是天纵睿智的最高境界。

大智若愚在《词源》里的解释是这样的：才智很高而不露锋芒，表面上看好像愚笨。大勇若怯，大巧若拙，大音希声，大象无形，均有此意。人们常说，沉默是金，也是这个道理，有智慧的人不管自己知与否都懂得保守，一般不会耍小聪明显摆自己，更懂得“于其所不知，盖阙如也。”的道理。现实中，我们不难发现，一个冷静的倾听者，到处受人欢迎；而一个喋喋不休者，像一只漏水的船，每一个乘客都希望赶快逃离它。

所以我们说外露的聪明远不如深藏的智慧，现代人学习道家做人，求的应当是智慧，而非小聪明。事实上，现实中，一个人太聪明必定会遭到别人的嫉恨和非议，甚至引来祸端。历史上和现实生活中的这种例子比比皆是。

蒲鹤年先生曾写过一篇文章，读来颇有所感，关于“大实若虚”与“大伪似真”这个问题，他谈论了丁肇中先生的“无知”与一位“万能科学大师”的“无所不知”。世界著名美籍华裔物理学家丁肇中先生，40岁便获得了诺贝尔物理学奖。了解他的人都知道，在接受采访或提问时，无论是本学科问题还是外学科问题，也无论提问者是业内人士还是业外人士，丁肇中最常给出的回答是三个字——不知道。他曾解释：“不知道的事情绝对不要去主观推断，而最尖端的科学很难靠判断来确定是怎么回事。”

道家认为做人真正的大智慧便是“无知”。大智若愚的人，从来不会张扬自己拥有多少智识，而是心中空空，外表看上去痴傻呆憨，内里却是绝顶的聪明。这算得上是极高超的做人智慧，虽然不是可以随意做到的，但是道家先哲们依然给我们指示了一条门径，那就是虚怀朴实，永远不要把自己看得有多高，更不要总想着自我表现。安于平凡，甚至愚憨笨拙，拒绝小聪明，求得大智慧，这才是真正的聪明。

三国时期有一个“大智若愚”的杰出代表，即刘备。可能在许多人眼中刘备软弱无能，只知痛哭流涕，成就蜀国千古功业的只是其手下的文臣武将。然而，刘备成就帝王霸业的关键却在于他能够一一收服这些清高孤傲、桀骜不驯的文武之士，让其对自己甚至自己的儿子都肝脑涂地地效忠。将每个人放在合适的位置，各用其能，让其各展所长，难道不算大智吗?

当阳长坂坡摔阿斗，刘备对子龙言：“竖子几损我一员大将也！”一句话换来赵云的万死不辞。白帝城托孤，刘备对诸葛亮痛哭：“君才十倍曹丕，必能安国，终定大事。若嗣子可辅，辅之；如其不才，君可自为成都之主。”一句话让诸葛孔明战战兢兢、鞠躬尽瘁、死而后已。枭雄刘备有识人之明，临终之时，曾经提醒孔明：“马谡言过其实，不可大用，君其察之！”他基于长期的共事，对马谡作出了中肯评价，不可大用并不是不用，又担心诸葛亮因亲近而任人失准，可谓高瞻远瞩。

刘备深明用人不疑的道理，对手下人推心置腹，对其尽心竭力，看似毫无主见，实则成竹在胸。刘备深明韬光养晦之道，大智若愚，一时骗尽天下英雄。煮酒论英雄，曹操笑言，“天下英雄唯使君与操耳”，可谓一语中的。只是曹操过于自负，在刘备种菜浇花、心无大志的假象之下，掉以轻心，使得龙归大海，鹏程万里。

大智若愚的境界不易达到，孔子也曾说过：“宁武子，邦有道则智，邦无道则愚。其智可及也，其愚不可及也。”古语道：“大智者，穷极万物深妙之理，穷尽生灵之性，故其灵台明朗，不蒙蔽其心，做事皆合乎道与义，不自夸其智，不露其才，不批评他人之长短，通达事理，凡事逆来顺受，不骄不馁，看其外表，恰似愚人一样。”喜好夸夸其谈、才华外露，必然容易得罪人；时常批评他人长短，必然容易招人怨愤，这些都是智者竭力避免的事情。因此，天纵睿智之人光华内藏，以愚钝的表象遮盖其内在的智慧，看似百无一用实际有通天之才，大智若愚，才能领导多方，完成大业。

点滴积淀，终至成功

原文

合抱之木，生于毫末；九层之台，起于累土；千里之行，始于足下。（《道德经·六十四章》）

意译

合抱粗细的大树，是从细小的萌芽生长而来；多层高的楼台，也是从平地的泥土一点点积累而来；行驶千里之远的地方，也是从脚下一步一步走出来的。

人生智慧

老子在《道德经》中说："合抱之木，生于毫末；九层之台，起于累土；千里之行，始于足下。"这句话中蕴含着一个朴素的道理：量变积累到一定程度就会发生质变。一个人，只要坚持每天进步一点点，终有到达成功的那一天。

成功绝不是一蹴而就的，只有静下心来日积月累地积蓄力量，才能够"绳锯木断，水滴石穿"。所谓"不积跬步，无以至千里"，一切成功都是通过点点滴滴的积淀最终实现的。然而另一方面，积淀要达到最终的成功，需要人们沉下心，能耐于长时间的默默坚持，假若在中途甚至最后关头放弃，导致前功尽弃，功亏一篑，那就实在太可惜了。即便是植物的生长，也要经历一段雨露滋润、天地化育的过程，才能长成、开花、结实。

荷塘里有一片荷叶，它每天会增长一倍。假使30天会长满整个荷塘，请问第28天，荷塘里有多少荷叶？答案要从后往前推，即有四分之一荷塘的荷叶。这时，假使你站在荷塘的对岸，你会发现荷叶是那样的少，似乎只有那么一点点，但是，第29天就会占满一半，第30天就会长满整个荷塘。

想要成功，需要我们有足够的耐力，就像池塘的荷叶，也许在坚持到“第28天”时，我们也看不到它的繁盛，但是假若此时灰心放弃，那就肯定看不到第30天的荷叶铺满池塘的美丽景象了。

《庄子·让王》篇中讲到颜成子游谈他的成功历程：“自吾闻子之言，一年而野，二年而从，三年而通，四年而物，五年而来，六年而鬼入，七年而天成，八年而不知死、不知生，九年而大妙。”在这里，颜成子游对东郭子綦说：“自从我听了你的谈话，一年之后就返归质朴，两年之后就顺从世俗，三年豁然贯通，四年与物混同，五年神情自得，六年灵会神悟，七年融于自然，八年就忘却生死，九年之后便达到了玄妙的境界。”

从听了东郭子綦的话到最后达到“玄妙的境界”，整整用了九年的时间。一个人无论做什么事都一定不要急于求成，只要每天学习，每天进步一点点，日积月累，自然就会获得最后的成功。

成功就是简单的事情重复着去做。每天进步一点点是简单的，之所以有人不成功，不是他做不到，而是他不愿意做那些简单而重复的事情。因为越简单、越容易的事情，人们也越容易不去做它。

我们的学习贵在每天持之以恒的坚持之中，贵在日复一日、月复一月、年复一年勤勤恳恳的背诵之中。一步登天做不到，但一步一个脚印能做到，急于求成、一鸣惊人不好做，但永远保持一股韧劲，认认真真完成每天该做的事，就会不断提高。

要求自己每天进步一点点，就是要让自己在修道修德大器晚成的漫长人生旅途中，今天要比昨天强，今天的事情今天做，每天都在为心中那个大目标做着永不懈怠的努力！为此，要始终保持一份平静、从容的心态，步履稳健地走好人生的每一步，不允许每一天的虚度，不放过每一天的繁忙，不原谅每一天的懒散，用“自胜者强”来勉励、监督和强迫自己，克服浮躁，战胜动摇。要求自己在修道修德的旅途中每天进步一点点，不是做给别人看，所以不能懈怠，更不能糊弄自己，而是要用严于律己的人生态度和自强不息、每天进步一点点的可贵精神，走一条回归自然的光明大道。

每天进步一点点，不是可望而不可即，也不是可遇不可求，它就在我们每天自身的努力之中。所以不能有一点成绩就自以为了不起，而是要以一种平和的心态，笨鸟先飞的态度，永远不满足、不停步、不回头。

人生需要慢慢积淀，当时机成熟，风力充足，有了一定的能力才智作为本钱，定能一飞冲天。一个人想要最终获得一个圆满、成功、幸福的人生，一定需要一个成功势能积累的过程。如果心浮气躁，最终只会陷于失败的深渊。

人生最根本的智慧，便是要老实做人

原文

夫物芸芸，各归其根。（《道德经·十六章》）

意译

万物纷纷纭纭，各自循归其本源。

人生智慧

老子说:“夫物芸芸，各归其根。”万事万物都要寻其根本，归于根本。那么人又要如何才能做到归于根本呢？那就是做个老实人，听从内心最朴实的想法，做最纯真的事，不被俗世所扰，不为繁华所迷。

著名作家沈从文可谓一个没有学历而有学问的学者。他怀着梦想刚来到北京闯荡时，一边在北大做旁听生，一边阅读大量书籍，并与诸多大师结识，不断成长。后来，他带着一身泥土气闯入十里洋场的上海，时间不长，即以一手灵气飘逸的散文而震惊文坛。

1928年，时年26岁的沈从文被当时任中国公学校长的胡适聘为该校讲师。

在此之前，沈从文以行云流水的文笔描写真实的情感，赢得了一大批读者，在文坛享有很高的声望，但他给大学生讲课却是头一回。为了讲好第一堂课，他进行了认真准备，精心编定了讲义。尽管如此，第一天走上讲台，看见台下黑压压地坐满了学生，他心里仍不免发虚。

面对台下满堂坐着的莘莘学子，沈从文竟整整呆了10分钟，一句话也说不出。后来开始讲课了，由于心情紧张，他只顾低着头念讲稿，事先设计在中间插讲的内容全都忘得一干二净。结果，原先准备的一堂课，十分钟就讲完了。接下来的几十分钟怎么打发？他心慌意乱，冷汗顺着脊背直淌。这样的尴尬场面，他以前可从来没有经历过。

后来，沈从文没有天南地北地瞎扯来硬撑“面子”，而是老老实实拿起粉笔在黑板上写道：“今天是我第一次上课，人很多，我害怕了！”这老实可爱的坦言“害怕”，引起全堂一阵善意的笑声……

胡适深知沈从文的学识、潜力和为人，在听说这次讲课的经过后，不仅没有批评，反而不失幽默地说：“沈从文的第一次上课成功了！”后来，一位当时听过这堂课的学生在文章中写道，沈先生的坦率赤诚令人钦佩，这是有生以来听过的最有意义的一堂课。

此后，沈从文曾先后在西南联大师范学院和北大任教。正因为不是“科班”出身，他不墨守成规，而代之以别开生面的言传身教的文学教育，获得了成功。而他那“成功”的第一课，则在学生之中不断流传，成为他率直人生的真实写照。

常言道，老老实实最能打动人心。一句“我害怕了”，祖露了一代文学巨匠的质朴内心。面对失败不敷衍，不做作，不逃避，能老实可爱地袒露内心的人，当然会得到别人的谅解。

庄子说过:“故忿设无由，巧言偏辞。”就是说，一个人说话，对方听了为什么不高兴？本来人的心底都是很平静的，因为某一句话不对了，“忿设无由”，心里的愤怒就没有理由，没有来由地被挑动了。“巧言偏辞”，讲话偏激，引起了别人的愤怒，“偏”就是过分，过分的恭维不对，过分的批评也不对。智慧高的人不喜欢听“巧言”，所以庄子的意思其实就是告诉人们，一个人不要玩巧，老老实实做人，其实最成功。

确实，古今中外，天下最成功的人，就是老实人。聪明反被聪明误，最后成功的人，因为老实，就成功了。生活的本质其实很简单。

北宋时期著名的文学家和政治家晏殊，14岁被地方官作为“神童”推荐给朝廷。他本来可以不参加科举考试便能得到官职，但他没有这样做，而是毅然参加了考试。当考题发下后，他发现自己已经做过了，便向考官说明，并要求换一道题，皇帝知道后对他的诚实赞不绝口。

晏殊当官后，每日办完公事，总是回到家里闭门读书。后来皇帝了解到这个情况，十分高兴，就点名让他做了太子手下的官员。当晏殊去向皇帝谢恩时，皇帝又称赞他能够闭门苦读。晏殊却说：“我不是不想去宴饮游乐，只是因为家贫无钱，才不去参加。我是有愧于皇上的夸奖的。”皇帝又称赞他既有真实才学，又质朴诚实，是个难得的人才，过了几年便把他提拔上来，让他当了宰相。

老实在很多人的眼中是愚蠢的表现，因为他们认为，老实诚实会使自己吃亏。而晏殊的经历则给了这些人当头一棒，正是因为诚实，晏殊的仕途一帆风顺。晏殊的经历告诉人们，老实人吃的是小亏，赚的是大便宜。人生就应该老老实实，只有老老实实，才能够脚踏实地，一步一步走向成功。

确实，我们的态度便是别人的态度，我们以什么样的态度对待人生，人生就反过来以什么样的回报给我们。所以说生命其实很简单，我们老老实实地做好本分，其实就已足够。

若是自己投机取巧，生命同样会见招拆招戏要于他；如果其为人忠厚老实，生活也会诚恳待他。老实人没有心机，所以诚恳地对待生活、对待人事，所以他们最容易成功。并且，每个人，无论聪明与否，都同样喜欢老实人，正如坏人也喜欢好人一样，老天爱“笨小孩”。

我们有时也在把玩着自己的生命，我们相信自己和自己的能力，相信过去成功的经验，炫耀着自己的技巧……却不知道船将在何时倾斜，而我们将永远失去机会。

做人难，难做人，是规规矩矩认认真真做人，还是在人生的舞台上做出一个个高难度的杂要技巧？没有规矩，不成方圆。无论世事怎样变化，多少沧海变为桑田，生活会将正确答案告诉你，只有时间能证明一切。做人、做事的道理长篇累牍，并且都有其屹立不倒的理由和根据，但褪尽浮华，我们会发现，做人之道其实只有八个字：老实做人，规矩做事。

智慧就在最平常的事物中

原文

太上，不知有之；其次，亲而誉之；其次，畏之；其次，侮之。（《道德经·十七章》）

意译

统治者治理国家最理想的状态，就是被统治的人民并不知道他的存在；其次的一种统治状态就是人民都赞誉统治者，认为统治者非常英明，愿意亲近他；再次的统治状态就是人民害怕统治者；最差的统治状态即是人民反对统治者，甚至会反过来侮辱统治者。

人生智慧

老子说："太上，不知有之，其次，亲而誉之；其次，畏之；其次，侮之。"有些人自认为自己懂得了许多，其实只是流于表面；表面看似下愚的人，虽不知道，但他却认定一个东西，至死不渝，或许是"天"，或许是"命"，反倒比那些所谓的学者文人都看得开。最下愚的人，往往才是真正第一等的修道人。有两种人可以学禅。一种是目不识丁之人，本身容易修道开悟；另一种是聪明绝顶之人，智慧高人一筹。大多数人居于中间，一般都难有所成。

所以说，众人眼中的一种下等人，人们都认为他很笨，其实他才是真智慧，是早已领悟到“道”的人。其实，真正的哲学家，都出在乡曲地方，虽然一辈子没读过书，但却是一个大哲学家、大思想家。其实，智慧越是在低处，在不容易被人发觉的地方，越靠近真理。

历史不是一个平面，而是一条河，有其浮面，有其底层。浮面易见，底层不易见。政治与社会，犹如两条轨道，上面的政治人物都从下面的社会起来，因此，某种程度上说，底层比浮面更重要。同样，历史人物，也可分一部分上层，一部分下层。跑到政治上层去的人物，是有表现的人物，如刘邦、项羽都是。还有一批沉沦在下层，他们是无表现的人物，但他们在当时甚至后世，一样举重若轻，只不过有些人为后世所知，有些人被埋入了历史之中。

有个渴望得到智慧点拨的人曾经遍游世界，寻找最聪明的人，听说世界上最聪明的人住在一座高山上的山洞里，于是他收拾行装，穿过群山和沙漠，来到传说中的这座山脚下。他骑着马走上窄窄的山间小道，来到了一个山洞前。“你是因智慧而扬名天下的最聪明的人吧？”他问坐在山洞里的老人。老人站起来，走到光亮的露天处，看着这位旅行者的脸说：“不，我不是。”“啊，那我究竟到哪里才能找到智慧？”老人盯着旅行者焦急的眼睛看了一会儿回答道：“你现在最大的问题是在哪儿能找到你的马？”说完他转身回到山洞中去。

我们有时就像那个寻找智慧的人，一心寻觅着自己想要的东西，其实那些东西近在咫尺，只不过我们不能领悟。古语说，真人不露相。做个乡曲之地的生活哲学家，在生活中体味人生的智慧，才是最贴近生命的。

一个老人在高速行驶的火车上，不小心把刚买的新鞋从窗口掉了一只，周围的人备感惋惜，不料老人立即把第二只鞋也从窗口扔了下去，这举动更让人大吃一惊。老人解释说："这一只鞋无论多么昂贵，对我而言已经没有用了，如果有谁能捡到一双鞋子，说不定他还能穿呢！"

这个小故事告诉人们，其实生活中智慧无所不在，越是平凡无奇的小事，越有深刻的意义。

道，其实无所不在，无所不包，与高低贵贱无关。

《庄子·知北游》中记载了这样一则故事。东郭子向庄子请教说："人们所说的道，究竟存在于什么地方呢？"庄子说："大道无所不在。"东郭子说："必定得指出具体存在的地方才行。"庄子说："在蝼蚁之中。"东郭子说："怎么处在这样低下卑微的地方？"庄子说："在稻田的稗草里。"东郭子说："怎么越发低下了呢？"庄子说："在大小便里。"东郭子听后不再吭声。庄子认为道无处不在，万事万物，一律平等，既然蝼蚁、稗草、瓦块砖头甚至大小便中都可以有道，人和人之间又怎会有什么高低贵贱之分？所以北海若才说："以道观之，物无贵贱；以物观之，自贵而相贱；以俗观之，贵贱不在已。以差观之，因其所大而大之，则万物莫不大；因其所小而小之，则万物莫不小。"

之所以提及高低贵贱的人为划分，是因为许多人自命不凡，总是鄙夷乡曲之地朴实无华的人们，其实他们才是真正的智者。

不与强者为敌，适可而止

原文

揣而锐之，不可长保。（《道德经·九章》）

意译

如果将铁器打磨得非常锐利，这种锋锐通常难以保存很长时间。

人生智慧

“揣而锐之，不可长保。”《道德经》中的这句话说的是锤炼得尖锐锋利，不能长久保全。老子认为逞强的人没有好下场，所以主张“守弱”以保全自我。

但古今中外有很多人不懂此意，喜欢与强者争锋，到头来只能自讨苦吃。

聪明是一笔财富，真正聪明的人会正确使用，他们深藏不露，不到火候不会贸然使用。一味地急于表现自己，时时处处显露精明，不仅无益于成功，还往往招来祸患。

很多朋友都认为，刚工作时一定要尽力表现自己的能力，只有这样才能坐稳自己的位置，因此，在工作中就处处争强好胜，挑战强者，把自己的能耐表现出来。但他们没有想到“欲速则不达”、过犹不及，处处锋芒毕露只能引起同事的反感。而正确的做法是，表现能力要不温不火，要善于等待时机。

毕业于名校、能力出众的李梅刚到单位工作时，为了突出自己的能力，不仅把自己的工作做好，还处处帮助同事。一开始，同事们还很喜欢她，可渐渐地她发现同事们个个都疏远她，部门主管也时常刁难她，这让她一头雾水。

后来听到同事在背后的“议论”才发现，自己在他们眼里“锋芒毕露、争强好胜，看似帮助同事，实则在为自己的功劳簿上添功”。同事小陈说：“她这个人太过于表现自己了，总把别人看成自己的竞争对手，而想方设法压倒别人，特别是有领导在场的时候她更这样。那次，我的电脑出现了一点小问题，我叫网管钱姐帮忙，当钱姐正在帮我的时候，李梅却跑过来抢了钱姐手里的工具修起了电脑，还说‘这么简单的事都不会做，你真笨’。虽然电脑修好了，但我心里一点也不舒服，她处处逞能，真是讨厌。”

最后的结局让李梅更加委屈，她终因无法团结同事，被老总辞退。

再以对员工个人表现力要求最高的销售行业为例，作为推销员肯定会遇到各种各样的客户。一开始做推销员时，你经常会碰到这种难缠的客户，他一上来就咄咄逼人，把你的价格压得低低的，几个回合下来，价格上的弹性已经很小了。这笔生意丢不得，可一旦签单，你随时有亏本的可能，因为后面的费用会吞噬掉你的利润。这时候，怎么办呢？

一个聪明的推销员，在做好谈判前的准备工作时最关键的一点要清楚自己能够接受的最低价位，而不是与顾客径直展开激烈的价格拉锯战。

很多推销新人以为自己只在价格上有点权限，所以，只跟对方讨论价格。这样做的结果只会使自己的利润像牙膏一样被对方挤掉。

当然，也会有些客户一上来就直奔主题，大谈价格，说你的价格如何如何，甚至使用攻击性的言语。即便如此，聪明的销售员还是会保持冷静的。因为他深知，在对方情绪亢奋的情况下与他争辩毫无益处，只会使对方更加亢奋。如果只是静静地听，既表示了自己对对方的尊重，可以让对方慢慢地平静下来，又可以了解对方的真实意图，调整自己的策略，更重要的是他没有跟着对方的冲动做出让步。

可是我们发现有些推销员遇到这种情况时，当客户滔滔不绝地说完之后，他会立马这么说："我们的质量比人家的强，服务比人家的好，所以，我们的价格应该比人家的高……"以为不赶紧表明自己的态度，对方要的价就会是既成事实。其实你这么说，只能被对方看作一种挑衅行为，会招致客户更严厉的反击，他的情绪会更加亢奋，局面更难控制。所以，这种情况下，不如用比较柔和的方式说明自己的价格："我们用的材料全是进口的，我们的服务还包括……所以，我们的成本是有些高……”

因此，我们在做事时要懂得使用和风细雨式的沟通，这样对方在情绪和态度上即便还是寸步不让，至少在情绪上已经没那么亢奋了。学会很好地控制自己的情绪，一旦遇到这种咄咄逼人的人，不去逞匹夫之勇，跟对方硬碰硬，而是以柔克刚，巧妙地避开对方的正面攻击。最后，双方能心平气和地讨论，找到解决问题的途径，实现双赢。

西方有一句谚语说得好：“法兰西人的聪明藏于内，西班牙人的聪明露于外。”所以，最好做个聪明的法兰西人，平时内敛而不张扬，关键时候来个“温柔一刀”，这招数才使得轻巧又恰到好处，堪称高明！

知人者智，自知者明

——知人自知的智慧

学会正确地认识自己，是改变命运的契机

原文

知人者智，自知者明。（《道德经·三十三章》）

意译

能够了解他人的人是智慧的，能够了解自己的人是明智的。

人生智慧

老子说“自知者明”，中国有句经典名言叫作“人贵有自知之明”。在古希腊一座智慧神庙大门上，也写着这样一句箴言——“认识你自己”，古希腊人还把它奉为“神谕”，是最高智慧的象征。

所谓“自知之明”，就是自己能了解自己，自己能认识自己。在这个问题上，中国的古代哲人们相似的观点也有很多。孔子说：“知之为知之，不知为不知，是知也。”许多哲人都这样告诫人们，可见，自知之明，对人生，乃至人类是何等的重要！

一个人生活在这个世界上，首先要做的事就是认识自己，只有认识自己，才能了解自己，才能真正明白自己的心灵究竟需要什么。有的人可能说："我就是自己，怎能说不认识、不了解自己呢？"其实不然。有的人可以了解他人、了解环境、了解社会，甚至了解世界，但是，就是不会了解自己，要做到有自知之明，是很难的。大千世界，茫茫人海，能够真正认识自己的人极少，而不能认识自己的人却很多很多。

生活当中，人们经常会看到两种办事经常失败的人：一种是因为办事能力低而失败的人；另一种是对自身办事能力估计过高而失败的人。如何使自己在办事过程中立于不败之地呢？理性思考，认清自我的办事能力有多大，无疑是考察一个人办事能力的基本素质之一。

可是，认识自己谈何容易！一辈子不认识自己而做出可耻可悲的事情的不是大有人在吗！有很多人正是由于不认识自己，不能充分理解生活的幸福，经受一点点挫折、打击就悲观、失望、苦恼、抱怨、彷徨，终于在唉声叹气、无所作为之中把时光白白浪费掉了。

我们都知道，马克·吐温作为职业作家和演说家，可谓名扬四海，取得了极大的成功。但你也许不知道，马克·吐温在试图成为一名商人时却栽了跟头，吃尽苦头。

马克·吐温投资开发打字机，最后赔掉了5万美元，一无所获。马克·吐温看见出版商因为发行他的作品赚了大钱，心里很不服气，也想发这笔财，于是他开办了一家出版公司。然而，经商与写作毕竟风马牛不相及，马克·吐温很快陷入了困境，这次短暂的商业经历以出版公司破产倒闭而告终，马克·吐温本人也陷入了债务危机。

经过两次打击，马克·吐温终于认识到自己毫无商业才能，于是断了经商的念头，开始在全国巡回演说。这回，风趣幽默、才思敏捷的马克·吐温完全没有了商场中的狼狈，重新找回了感觉。最终，马克·吐温靠工作与演讲还清了所有债务。

不错，生活中确实有许多人不了解自己，不认识自己。他们对自己所认识的，也不外乎是一些自身的基本情况，例如姓名、年龄等。至于寻究起自己的能力怎样，什么职业、什么事情最适宜自己，为人处世能做到何许地步，在社会上处在什么位置上，可能就很难准确地把握自己了。有些人就是因为不认识自己，没找准适合自己的最佳位置，而没有步入成功之门。

一个人应当正确地判断自己，自觉地为自己的能力、学识、容貌、背景打分，从而得到一个清醒的判断，哪些事情自己应该做，哪些事情自己做不了，这样才会选择好幸福的生活、快乐的职业，才有平和的心态。

认识你自己吧！作为一个想正正经经做一番事业的人，对自己先要有个正确的认识，这难道不应当是一个起码的要求吗？你可能解不出那样多的数学难题，或记不住那样多的外文单词，但你在处理事务方面却有特殊的本领，能知人善任、排难解纷，有高超的组织能力；你的数理化也许差一些，但写小说、诗歌是能手。在认识到自己长处的前提下，如果你能扬长避短、认准目标，抓紧时间把一件工作或一门学问刻苦认真地做下去，久而久之，自然会结出丰硕的成果。

成功人士之所以成功，很重要的一点就是认识自我，像陌生人一样来评估自己。利用自己的优点和长处，而对自己的弱点和短处要设法避开。在人生的路上，我们只要善于发掘和利用自己的优点，就会成为一个成功人士。

放低身价，把自己当成普通人

原文

故贵以贱为本，高以下为基。是以侯王自称孤、寡、不穀。此非以贱为本邪？非乎？故至誉无誉。是故不欲琭琭如玉，珞珞如石。（《道德经·三十九章》）

意译

所以，贵以贱作为根本，高以下作为基础。因此，侯王自称“孤、寡人、不穀”。这难道不是以低贱作为根本？不是吗？所以至高的荣誉是不需要赞誉的。所以，得“道”的人不愿做光彩的美玉，而愿意成为坚硬普通的石头。

人生智慧

老子在人际关系中讲究“处下”，也就是要自己处在“下方”“下位”“下层”，高要以下为根基，贵以贱为根本。这是一种智慧的定位。老子教导人们一切遵循道而行动，而道就是处下的，所以交往中也要选择“处下”。

很多人喜欢高高在上的感觉，尤其一些管理者，他们处在管理的位置上，给人的感觉经常是高高在上、颐指气使。

古代人民中地位较高的要算侯王了，《道德经》的第三十九章解释了古代侯王称呼中的意义和智慧，就是要“处下”，从而教导我们，侯王尚且要如此，其他人当然就可想而知了。老子说：“侯王自称为‘孤’、‘寡’、‘不穀’”。这不就是以贱为本吗？不是吗？所以最高的称誉就是没有称誉，作为侯王最好不要表现自己，不要像玉那样显示它的光亮文采，宁可像石头那样坚实无华。

那么侯王为什么要自称“孤”“孤家”，自称“寡”“寡人”，自称“不穀”？这是为了表明自己是孤独的人。自称为“寡”“寡人”，也表明我是孤独者，还是一个寡德之人，也就是缺少道德的人。既然孤德、寡德，那么就希望臣民来帮助我提高德行。

尽管古代的侯王中许多人是做不到这一点的，但是人们在选择这样的称呼时，最初的出发点就是表示，侯王“我”应该居于下位，“我”应该处下，“我”孤独，“我”缺德，“我”能力不够，因此希望大臣、百姓来帮助我、辅助我。这种“处下”，就是“贵以贱为本，高以下为基”。尊贵的用卑贱的作为根本，高位的用下位的作为根基。有这样的根本，有这样的根基，那么你的尊贵就不会倒下，你的高位就不会颠覆了。侯王尚且要求如此，那么一般人可以想见，当然也更应该“处下”了。

在管理领域众所周知的美国通用电气CEO韦尔奇的一个经营的最高原则就是“管得少”就是“管得好”，或者反过来说也一样，“管得好”就是“管得少”。“管得少就是管得好”的哲学依据便是《道德经》中的“处下”原则。这是一种境界，是一种依托企业谋略、企业文化而建立的至高的经营平台。

他认为，一个好的管理者不能高高在上，任何事都要管，任何事都唯我独尊。他要求员工认清事情的轻重缓急。只要员工掌握了优先顺序，他就完全放手。

反观国内的一些企业显然就缺乏这份自信和乐观。管理者们习惯于相信自己，放心不下他人，经常粗鲁地干预别人的工作过程，这可能是管理者的通病。问题是，这个病会形成一个怪圈：上司喜欢从头管到脚，越管越变得事必躬亲，独断专行，疑神疑鬼；同时，部下就越来越束手束脚，养成依赖、从众和封闭的习惯，把最为宝贵的主动性和创造性丢得一干二净。时间长了，企业就会得弱智病。那些不信任员工的老板，无论公司事务大小总爱事必躬亲，结果往往会严重挫伤员工的自尊心和归宿感，从而会使公司像着魔一样，持续产生越来越大的离心力，有的甚至最终会导致公司的分崩离析。与此相对照，如果企业主能够和员工之间建立起良好的信任关系，并能够形成有效的授权和责任机制，那么，无疑会增加员工的使命感和工作动力，从而能够促进公司业绩的稳步发展。

其实每个人都是芸芸众生中的一员，放低身价，学会“处下”，你会发现无论是在工作、学习还是在生活中会轻松不少、惬意不少，你的朋友会更多，你的路会更宽畅，你的根基会更稳定。要知道，越成熟的麦穗，越是懂得弯腰的麦穗。当然，越懂得弯腰，才会越成熟！

如履薄冰的人生准则

原文

豫兮，若冬涉川；犹兮，若畏四邻；俨兮，其若客。（《道德经·十五章》）

意译

（善于行使“道”的人）他们总是小心谨慎，仿佛在冬天涉水过河，怕踩破冰层掉进寒水之中；他们总是警觉戒备，仿佛一个国王害怕邻国的军队随时来进攻自己的国家；他们总是恭敬郑重，仿佛要去远方赴一场重要的宴会，作为上宾的客人一样。

人生智慧

古人说：“圣人无死地，智者无困厄。”一个真正的圣人，遇到再怎么恶劣的状况，也不会走上绝路。老子在谈到修道之人时，用了几个比喻，“若冬涉川”“若畏四邻”等。“豫兮，若冬涉川”，说的是一个真正悟道的人，做人做事绝不草率，凡事都先慎重考虑。

从容应对万事，是大智慧，举手投足之间，早已考虑周详，运筹帷幄之中，决胜千里之外，正如苏轼在《念奴娇·赤壁怀古》中所写的“谈笑间樯橹灰飞烟灭”。此外，平时待人接物，洞若观火，毫不含糊，这种修养和态度，便是“豫立而不劳”的形象。

“豫兮”应该“若冬涉川”。古人说：“如临深渊，如履薄冰。”正是此意。做人处事，必须要小心谨慎、战战兢兢。一个有修为的人，必须时时怀着冬天从冰河上走过的谨慎，稍有不慎，就会濒临险境。

庄子在《南华经》中曾借用庖丁的嘴，讲出了自己修养的造诣境界和处世的方法原则，与老子的思想如出一辙。庖丁说：“当我到了一般的杀牛匠那里去看时，看到杀牛匠的小心紧张与严谨的准备，自己便怵然为戒，顿生警觉，仿佛看到自己的榜样。”庖丁的技术那么高明，可是在看技术差的人杀牛时，并没有看不起别人。目空一切之人，总会掉以轻心，终归失败。庖丁说：“我学了他们的样子，虽然自己技术很高明，但动刀慢慢地，很小心很仔细地下来，‘哗’的一声，牛的四肢都解开了，牛身像泥巴一样散在地上。这个时候，我也累了，像一般杀牛匠把刀一丢，躺在地上也像一团泥巴一样。休息一阵，威风又来了，提刀而立，英姿四顾，站在高台上四面一看，觉得自己是个英雄，踌躇满志，把刀好好擦拭收好。”这就是人生，我们大家都有这个经验，一件事情做成功了，过后越想越觉得自己是英雄，在当时却备感痛苦艰难。

“犹兮，若畏四邻”，“犹”是猴子之属的一种动物，和狐狸一样，它要出洞或下树之前，一定先把四面八方的动静，看得一清二楚，才敢有所行动。这个比喻借以说明，修道者必须思虑周详，慎谋能断，小心翼翼。社会纷繁复杂，人心难测，修道的人在人生的道路上，对于自己，对于外界，都要认识得清清楚楚，战战兢兢，如履薄冰。

至善禅师有一个弟子，法名灵台，颇有慧心，心思奇快。至善非常喜欢他，一直希望他继承衣钵，弘扬佛法，使禅门发扬光大。但是，也正因为灵台和尚领悟力奇高，也常常有参念天下之心。一个冬天，灵台看到大雪纷飞，大地一片寂寥，他心念驰动，要独自下山，云游四方，参学天下，于是去向至善禅师告辞，说了自己的想法。禅师问他："你要到什么地方去？""四海云游，处处是家。""好！你在此处参禅已近十年了，临走之际，我再向你说点佛法真意吧。你收拾好了行李，再来找我吧。"灵台和尚回去收拾行李，不一会儿便等候在方丈室的门外。禅师招呼他道："你到我的前面来。"等灵台和尚走到禅师面前时，禅师说："天气严寒，途中善自珍重。"世间诸相，如同冬天的寒冷一样时时侵入肌肤，扰乱心灵，因此万事皆须小心谨慎。

"俨兮，其若客"，表示一个修道的人，待人处世都很恭敬，随时随地绝不马虎。如《礼记》中所说："毋不敬，俨若思。"无论何时何地，皆抱着虔诚恭敬的态度，自尊自重，自我约束，慎独慎己，一切从自己开始，检点约束自己，时刻进行自我约束与自我管理，用自己审视的目光严苛地审查自己，做事先做人，正人先正己。

此外，胸襟气度包罗万物，人格宽容博大，神态雍容庄重。这才是悟道者所应具有的生活态度与行为准则。先古圣人一再叮嘱我们要"战战兢兢"，人生就像是一场冰面上的表演，切不要只顾华丽取巧，而破冰坠落，要轻盈小心地行走在冰面之上，才能最终完美谢幕。

保持天然本色，做真正的自己

原文

不尚贤，使民不争；不贵难得之货，使民不为盗；不见可欲，使民心不乱。（《道德经·三章》）

意译

不去推崇德行优秀的人才，这样可以使民众不去争名夺利；不要把稀有的珍宝看得异常珍贵，这样可以使民众不会因为想要占有而沦为盗贼；不要将能够诱发贪欲的事物展示出来给民众看，这样民众的心思不会被扰乱。

人生智慧

老子认为，“不尚贤，使民不争；不贵难得之货，使民不为盗；不见可欲，使民心不乱”，便是人生无为的境界。自古以来，圣贤总在欷歔感叹“世风日下”、“人心不古”，中西方皆如此。古罗马诗人贺拉斯在其《歌集》中叹息：“父辈较之祖辈已经不如，又生出我们这不肖一族，而下一代注定更加恶毒。”对此，老子也有自己的慨叹。老子著述的本意，首重效法自然道德的原则。假如人们都在道德的生活中，既不尚贤，又无欲而不争，那当然合乎自然的规范，天下也就自然是太平无事的天下了。时代到了后世，人人不能自修道德，人人不能整治争心和欲望，只拿老子那些叹古惜今的话来当教条，自然是背道而驰，越说越远了。

其实，在道家看来，适当的文饰美化能在一定程度上彰显优点、弱化缺点，起到积极作用。但是任何事物都是过犹不及，所谓文过饰非就是这个道理。而道家智慧认为最高的文饰其实就是维系本色，保持天然本色，做真正的自己。

事实上，原本人心纯真无私、正直光明，随着年龄与阅历的增长，渐渐发现周围的许多人都是心有城府、钩心斗角，便不由自主地随波逐流，放弃了自己的直心道场。世风日下，人心不古，社会上风气不正，人们有失淳朴善良而流于谲诈虚伪，心地不再像古人那么淳朴，让许多老人不由感叹“今不如昔”。

古代贤人都推崇三代以上的圣帝明王，以之来阐扬上古传统文化君道的精神，尧、舜都是内圣外王、出世而入世的得道明君，所以能在进退之间，互相揖让而禅位，杯酒言欢，坦率自然，绝无机诈之心。时代向后，人心不古，到汤武革命，便用征诛手段，这便等于在棋盘之间的对弈，权谋策略，煞费心机，已与自然之道大相径庭了。宋代大儒邵康节微言大义，两句诗评古论今：“唐虞揖让三杯酒，汤武征诛一局棋。”

先秦时期，燕国寿陵地方有一位少年，人们叫他寿陵少年。

这位寿陵少年不愁吃不愁穿，论长相也算得上中等人才，可他就是缺乏自信心，经常无缘无故地感到事事不如人，低人一等——衣服是人家的好，饭菜是人家的香，站相坐相也是人家高雅。他见什么学什么，学一样丢一样，虽然花样翻新，却始终不能做好一件事，不知道自己该是什么模样。

家里的人劝他改一改这个毛病，他以为是家里人管得太多。亲戚、邻居们说他是狗熊掰棒子，他也根本听不进去。日久天长，他竟怀疑自己该不该这样走路，越看越觉得自己走路的姿势太笨、太丑。

有一天，他在路上碰到几个人说说笑笑，只听得有人说邯郸人走路姿势那叫美。他一听，对上了心病，急忙走上前去，想打听个明白。不料想，那几个人看见他，一阵大笑之后扬长而去。

邯郸人走路的姿势究竟怎样美呢？他怎么也想象不出来。这成了他的心病。终于有一天，他瞒着家人，跑到遥远的邯郸学走路去了。

一到邯郸，他感到处处新鲜，简直令人眼花缭乱。看到小孩走路，他觉得活泼、美，学；看见老人走路，他觉得稳重，学；看到妇女走路，摇摆多姿，学。就这样，不过半月光景，他连走路也不会了，路费也花光了，只好爬着回去了。

这就是“邯郸学步”成语的来历，它告诉我们，其实每个人都有自己的本色，一味模仿别人，扭曲自己的本来面目，最终会失掉自己。在道家先贤看来，最优秀的东西就在人们自己身上，一个人若能以本色示人，焕发本真个性，活出自己便是最美的。

老子取法于天地自然，超然外物，已达至境，仿佛一位大宗师看透了世间的万事万物，以天地之道运用于处世之中，既是一个伟大的哲学家，又是一位伟大的思想家。然而，时代变化，后世之人早已偏离了天然本色，丢掉了本真的自我，故对于老子的告诫不置可否。我们听着圣人的慨叹，也只能体会其中一二。只要越来越多的人远离狡诈欺骗，世界便会日渐和谐完满。正如老子所说的大美无言、大象无形，确实，人心原本都是不染尘埃的，个性天然，本色示人才是人生活泼的美。

人生的四种“病”

原文

不自见，故明；不自是，故彰；不自伐，故有功；不自矜，故长。（《道德经·二十二章》）

意译

不自我炫耀的人，反而更加容易被人看到；不自以为是的人，反而更容易显得名声显赫；不自吹自擂的人，反而更加功勋卓越；不自高自大自满的人，反而最终能达到更高的层次和地位，并且更加长久。

人生智慧

人生难逃四种病，也就是老子前后所说的四“自”——自见、自是、自伐、自矜。

“不自见，故明”。从正面来讲，人需要随时反省，使自己能够看见自己才对，而“不自见，故明”是说，人不可固执于自己主观的成见，如果过于执着，便会“一叶障目，不见泰山”，因此而说“不自见，故明”。

“不自是，故彰”。“自是”与“自见”同中有异，“自是”是主观认为自己一定都是对的，自以为是，目空一切。自是之人，难成大事。

“不自伐，故有功”。“自伐”，是自我表扬的代名词。人，天生爱表现，爱居功，而真正有修养的人应该不自伐，心中无视功名，只愿“功在天下”。

“不自矜，故长”。“自矜”，即自尊心，自尊心过强便是傲慢。傲慢的人不能成功，所以要不自矜才能成长。

禅宗典籍中记载了这样一则故事：白云守端禅师有一次和他的师父杨岐方会禅师对坐，杨岐问：“听说你从前的师父茶陵郁和尚大悟时说了一首偈，你还记得吗？”“记得，记得。”白云答道，“那首偈是：‘我有明珠一颗，久被尘劳关锁，一朝尘尽光生，照破山河万朵。’”语气中免不了有几分得意。杨岐一听，大笑数声，一言不发地走了。白云怔在当场，不知道师父为什么笑，心里很愁烦，整天都在思索师父的笑，却怎么也找不出他大笑的原因。那天晚上，他辗转反侧，怎么也睡不着，第二天实在忍不住了，大清早去问师父为什么笑。杨岐禅师笑得更开心，对着失眠而眼眶发黑的弟子说：“原来你还比不上一个小丑，小丑不怕人笑，你却怕人笑。”白云听了，豁然开朗。

白云在背诵出佛偈时的自鸣得意便是自是、自见、自伐、自矜的表现，被笑后的寝食不安，便是忘形后的心绪烦乱，杨岐禅师一句话让白云顿悟，自命不凡却依旧活在别人的评价中。

《论语》中孔子十分推崇一个人，即孟之反。在战场上打了败仗，哪一个敢走在最后面？孟之反则不同，叫前方败下来的人先撤退，自己一人断后，快要进到自己城门时，才赶紧用鞭子，抽在马屁股上，超到队伍前面去，然后告诉大家说：“不是我胆子大，敢在你们背后挡住敌人，实在是这匹马跑不动，真是要命啊！”

孟之反身为统帅，善于立身自处，自己不居功自大，还自谦以免除同事之间彼此的忌妒，以免损及国家。一个优秀的人应当像孟之反一样，不居功自傲，站在别人的角度思考自己的立场。

凡是要立大功、建大业的人，只要一犯此四原则，必将一败涂地。这“四不”的名句是为人立身处世的“座右铭”，铭刻在心，终身受用不尽。

有位太太总是讥笑对面的邻居懒惰笨拙：“那个女人的衣服永远洗不干净，看，她晾在院子里的衣服，总是有斑点，我真不知道，她怎么连洗衣服都洗成那个样子……”有一天，她又在一位朋友面前谈及此事，细心的朋友拿了一块抹布，把这个太太窗户上的灰渍抹掉，说：“看，这不就干净了吗？”原来，是自己家的窗户脏了。

人们很多时候都像这个自以为是的主妇，用自己的目光去挑别人的毛病，其实大多数事情，都要先找找自己的原因。越是一目十行的人，越容易视而不见；越是自以为是的人，越容易丢人现眼。

为上之人，更不应固执己见、自以为是，不应目光短浅、一叶障目，不应居功得意、目空一切，更不能用自己的所好来决定事物的发展。人们总是喜欢活在别人的世界中，殊不知，正因为处处与别人相比，才难逃“自见、自是、自伐、自矜”四种宿病。

懂得学习的人，才是真正的聪明人

原文

不贵其师，不爱其资，虽智大迷，是谓“要妙”。（《道德经·二十七章》）

意译

常人如果不重视那些善人，不将其当作自己的老师，也不珍惜那些不善的人，不将其作为自己的借鉴，即使本人非常聪慧，也会变糊涂。这就是精深微妙的道理所在。

人生智慧

我们常常会夸赞说某人聪明，也会鄙弃某人愚笨，一直以来都有聪明人和愚笨人之分，那么他们的区别是什么呢？是天生的智慧，还是情商，抑或是其他？在老子看来，聪明人和愚钝人的唯一区别是善不善于向他人学习。在老子的字典里，所谓愚人，就是不懂得、不擅长向他人学习的人。这样的人，无论天资多么聪颖，也只是个糊涂虫。

不善于向他人学习（包括向书本学习）的人一定是愚蠢的

人，不善于向他人学习的民族一定是一个愚昧的民族，这样的国家也必定是一个落后的国家，我们相信这是一条真理。

在美国第一任总统华盛顿的纪念碑旁竖着一块小石头，上面写着："美国不建立贵族和皇室封号，也不要世袭制度。国家事务概由人民投票公决。"这是华盛顿总统说过的话吗？不。这些话并非出自任何美国人，而是出自清朝福建巡抚徐继畲的作品。这些话表达了人们追求民主、自由、幸福的强烈的内心愿望。看似普通的几句话，一块不起眼的小石头，但对于华盛顿本人，对于美国来说，这是一件无与伦比的稀世珍宝。在华盛顿总统的领导下，它切切实实成了美国赖以立国的核心思想。遗憾的是，徐继畲在当时的历史条件下，只能把这句话送给远在大洋彼岸的美国总统，他不可能把它送给祖国的领袖——皇帝，因为这将意味着白白地送掉自己的生命。由此，保守、封闭、不善于向他人学习的封建王国只能昏睡百年，而一开始便具有民主、开放意识的美国必然成为全世界最充满活力的国家。

历史告诉我们，凡是对人类有杰出贡献的人，都是善于学习的人；一个民族善于学习，它的国家才有希望。

对我国作出过杰出贡献的当代伟大的科学家王选就是这样一个善于学习的人。他一直认为自己一生有很多地方不如别人，他说："我总觉得己不如人，与跟我合作的人在一起，我会觉得这个人那一点比我强，那个人另外一点比我强。但我总体上信心非常足，对自己充满信心，从来没有丧失信心。"他不仅是一个谦虚的人，而且又是一个十分幽默的人，他说："我觉得世界上有些事情非常可悲和可笑。有一种马太效应，已经得到的他使劲得到，多多益善，不能得到的他永远得不到。这个马太效应现在在我头上很厉害，就是什么事情都王选领导，其实我什么都没有领导起来，工作都不是我做的。我承认我剥削年轻人最多，但是由于大家都知道我并不是主观上要去剥削年轻人，所以对我也比较谅解。可悲的是，人们对小人物往往不重视，当年当我在第一线，在前沿的时候不被承认，反而有些表面上比我更权威的人要来干预，你该怎么怎么做，实际上确实不如我懂的多。”

王选善于学习，所以成为享誉海内外的著名科学家、中国计算机汉字激光照排技术创始人，被人们誉为“当代毕昇”。

改革开放后，我们国家真的发生了翻天覆地的变化，而今处在21世纪的中国人向世人昭示着中国更加灿烂的未来。我们的民族已经认识到过去闭关锁国的错误，向世人敞开谦虚的怀抱，向他人学习，学习一切先进的东西。

总之，无论是个人、团体，还是一个民族或国家，都必须善于向他人学习，只有这样，才会有进步，有希望，才能在错综复杂的形势下立于不败之地。

虚心才不会故步自封，才能不断壮大

原文

故或下以取，或下而取。（《道德经·六十一章》）

意译

所以，有时候谦下能够汇聚众多，有时候谦下能够获得融入。

人生智慧

老子的这句话本是用来总结大国该用什么样的态度来对待小国的，他认为大国要有谦虚的态度来对待小的国家，这样才能汇聚更多的小国，而使自己壮大。其实人生又何尝不是如此，一个人要有谦虚的态度，虚心求知，只有这样才能让自己不断地进步，不断地强大。

一个人如果去求知，就一定要虚心，切忌骄傲，否则很容易得了点皮毛就自以为是起来，那只能是白费时间，浪费生命。这就是道家所说的虚怀若谷的道理。其实，在这个浩渺的宇宙当中，我们不过如同沧海里的一粒粟米，我们所知道的永远就只是局限于一个小小的圈内，而这个圈外的无极限的世界都是我们所未知的。圆圈里面是已知的，圆圈外面是未知的。你知道得再多，也不过是这个圆圈再大一圈而已，而我们不知道的那个广阔的世界却是无垠的。唯有意识到这一点，才可能有所进步。一旦存有自满之心，便再无进取之可能了。

所以我们做人做事，要把眼光放开，要人在圈内，心看圈外。这样才不会闭塞一隅，自满自大。

人必须要有自尊心及自信心，但不可有自满心。有自信心是成功的必要条件。有自满心是失败的充足条件。一个人做事失败，虽不都因为有自满心，但有自满心的人，做事一定要失败。所以说，我们做人要自满无疑是最大的障碍，一旦盲目自大，就会容易做出贻笑大方的事来。

杨万里是南宋著名的诗人，他知识渊博，非常有才华，所写的诗一直广为流传，但他为人很低调，一直非常谦虚。

江西有一个名士，他常常说自己学识渊博，天下没有人胜得过他。后来，他听说杨万里很有名，非常不服气，决定给他写一封信，说要亲自到杨万里的家乡——吉水来拜见他。杨万里早就听说这个人一贯骄傲得不得了，就给他回了一封信，说："我很欢迎您的到来，冒昧地向您提一个小小的要求，听说您家乡的配盐幽菽非常有名，很想亲口尝一尝滋味，请您来时顺便捎带一点。"

那个名士拆信一看，不禁一下子愣住了，什么是配盐幽菽呀？自己从未听说过。他想了很久，也想不出是什么东西，他又不愿意去问别人，只好自己在街上到处乱找，但找了很久也没有找到。后来，他实在想不出是什么东西，只好空着手来到吉水。他见到杨万里后，寒暄了两句就问："您信中提到的配盐幽菽是不是卖的地方比较偏僻，我找了很久也没有找到。实在抱歉！”

杨万里听了哈哈大笑起来：“你们那里家家户户都有啊！”说着，他随手从书架上取下一本《韵略》，翻开其中的一页。名士接过来一看，上面明明白白地写着“豉，配盐幽菽也”一行字。

他这才明白，原来所谓配盐幽菽，就是家庭日常食用的豆豉啊！豆豉是用黄豆或黑豆泡透、煮熟后再发酵的食品，然后再放上盐，这道家常小菜的别名就叫配盐幽菽。

名士看了非常惭愧，他这才明白自己平日读书太少了。从此以后，他再也不骄傲自大、目中无人了。

一个人如果开始骄傲了，那么他就看不到自己的缺陷，就不会继续学习，最终只能和肤浅挂钩了，就像这位名士。小小的家常小菜就把他难倒了。可见，知识界的广度和宽度都是我们无法预测和衡量的。所以要保持不辍地学习，不断丰富自己，否则一旦停下脚步，故步自封，就很难再进步了。

其实，学习、求知都需要一种想呼吸新鲜空气的欲望。心中充满求知的欲望，就会如饥似渴，就能克服各种困难，风雨不能阻拦，困难不能吓倒，这样的人怎么可能不获得人生的成功呢？

第七章

以其无私，故能成其私

——利人利己的智慧

收好一颗机心，放好一颗初心

原文

知其雄，守其雌，为天下谿。为天下谿，常德不离，复归于婴儿。

知其白，守其黑，为天下式。为天下式，常德不忒，复归于无极。知其荣，守其辱，为天下谷。为天下谷，常德乃足，复归于朴。（《道德经·二十八章》）

意译

了解强盛的道理，却能安然处于柔弱的位置，做天下的溪谷容纳万物；做天下的溪谷，自身就能具备常理与正德，归回婴儿般纯洁的状态。

懂得清明的德行，却能安然处于幽暗的地方，做天下的榜样，如此就能长久保持美德而没有过失，回归宇宙最原始之初的状态。深知荣耀的道理，却能安然处于卑屈的地位，做天下的深谷；做天下的深谷，就能将常理与德行修缮完全，返璞归真。

五千言的《道德经》可以看作一部“复归”心经，“朴”“婴儿”“雌”等可以说是老子哲学思想中的重要概念，这些归结起来，便是“初心”。

“婴儿”，就是“初心”这个概念的形象解说，只有婴儿才不被世俗的功利宠辱所困扰，无私无欲，淳朴无邪。我们一直在探讨“人之初，性本善”还是“人之初，性本恶”的问题，其实这在婴儿的意识里没有任何分别，不存在任何等级概念，又怎会有善与恶之分呢？所以婴儿状态是最符合大道的，是大道在人及万物上淋漓尽致的体现。

我们从婴儿长大成人后，历经了许多事情，遭受了众多打击，也感受了无数乐趣，在社会这个大染缸中摸爬滚打几十年，成就了各种各样的心态和思想，表现得多知多懂，经验丰富了，物质富足了。可是很多人揣着钱却患得患失，常常感慨“长大了一点都不好，烦恼多了”，其实，这主要是他们离婴儿那种至柔至顺的样子太远了，失去了自己的初心，拥有的却是一颗机心。很多人都自认为聪明，可以骗得了天下人，其实，人的智慧相差无几，一个人的那点小小的伎俩怎么可能瞒得了其他人呢？捷克作家米兰·昆德拉说：“人类一思考，上帝就发笑。”因此，一个人在这个社会上生存，不要总以势利世故心待人做事或使用一些手腕希冀自己能够“瞒天过海”，否则到终了受害的还是自己。人生在世，不可处处怀揣着一颗世故机心，而要学会放好自己的那个初心，能够“以真示人”。

东晋时，王家是大家族，社会地位很高，因此当时的太尉郗鉴就想在王家挑选女婿。郗鉴这个女儿，才貌双全，郗鉴爱如掌上明珠，这么一个宝贝女儿，一定要找个门当户对的人家。郗鉴觉得王家与自己情谊深厚，又同朝为官，听说他家子嗣甚多，个个才貌俱佳。一天早朝后，郗鉴就把自己择婿的想法告诉了王丞相。王丞相说：“那好啊，我家里子嗣很多，就由您到家里任意挑选吧。凡您相中的，不管是谁，我都同意。”郗鉴就命心腹管家带上重礼到了王丞相家。王府子弟听说郗太尉派人觅婿，都仔细打扮一番出来相见。寻来觅去，一数少了一人。王府管家便领着郗府管家来到东跨院的书房里，就见一个袒腹的青年人仰卧在靠东墙的床上，似乎对太尉觅婿一事无动于衷。郗府管家回去向郗鉴报告：“王家的少爷个个都好，他们听到了相公要挑选女婿的消息以后，个个都打扮得齐齐整整，装模作样，循规蹈矩，唯有东床上有位公子，袒腹躺着，若无其事。”郗鉴说：“那个人就是我所要的好女婿！”于是马上派人再去打听，原来那人就是王羲之。郗鉴来到王府，见到王羲之既豁达又文雅，才貌双全，当场择为快婿。

王羲之因为自信倜傥，也更因为心中没有通常世俗人的那种处世机心，所以并不为有人来挑选女婿就刻意打扮自己，反而袒腹东床，自顾自无拘无束，却因此得到赏识，这正是他天真本色示人的结果。可见做人收好一颗机心，以真示人，放好初心，更能为自己争得立足的天地。

相反，一个人假若总是想着如何从这个世界中攫取什么利益，或者迎合世人，处心积虑地生活，不仅自己活得累，最后也往往适得其反。一个人在社会上面对生活的诱惑久了，心中免不了受到大众的浸染，充满机心。

所以说，做人要学习道家，保持一颗初心就是保留一个真实的自我，保留一种真实的态度。视初心为生命中的至宝，怀着一颗初心生活，应该是人生追求的最高境界。如果我们可以一直怀着对生命原初的那种敬畏生活着，收好一颗机心，放好一颗初心，人生自然简单快乐。

学会拒绝，不要轻易许诺

原文

夫轻诺必寡信。（《道德经·六十三章》）

意译

轻易承诺必然很少能够守信。

人生智慧

中华民族是一个礼仪之邦，热情、助人为乐是中华民族的优秀文化传统之一，自古以来，中国人就十分重视人与人之间的情谊。一个篱笆三个桩，一个好汉三个帮。

可是老子的大智慧，在于对人性有深刻的洞察，所以他一针见血地指出，轻易许诺的人必定信用不足。老子说这句话的目的一方面是告诫我们不要上花言巧语之人的当，另一方面是让我们不要轻易许诺，不要做言而无信之徒。

随着社会生活内容的日益丰富，人际交往的日益频繁，人与人之间的相求相助也越来越多。助人为乐当然是人之美德。然而，学会拒绝，也是处理好当代人际关系的重要一环。

一方面，人在社会中，就难免要与别人产生各种各样的社会关系，不同的人在社会中扮演的具体角色不一样，所面临的实际情况也各不相同。每个人都应该始终明确自己的职责，做自己该做的事。但是我们又可能要面对各种压力或违背意愿的事情，如果我们懂得拒绝，就能巧妙地将自己从一些不必要的事物中解脱出来，自然会轻松许多。

另一方面，现实生活中，万能的人是不存在的。尽管你心肠很好，当他人有求于你时，你只能而且必须遵循量力而行的原则；办不到、办不好的事不想着拒绝而硬着头皮接受下来，你的初衷和结果将会发生很大反差。人们求助你而被你接受时，他就将成功的希望寄托在你身上。要是办到了，自然皆大欢喜；要是你不量力而行，勉为其难地接受，不啻是“顶着石臼做戏”，给自己带来种种麻烦和苦恼，甚至会因此耽误了他人的事，而使他人恼怒，给人留下“吹牛”“自夸”的不良印象，你自己会因此承担很重的心理压力，这会让你活着很累。

当然，拒绝也要讲究艺术，说“NO”是一门学问，我们必须学会有效的方法，拒绝的艺术性在于其技巧的灵活性，要学会友好地拒绝他人，关键是掌握拒绝的技巧，下面列举了一些拒绝的技法，希望大家在领会的基础上考虑其在现实生活中的应用，而不能不顾实际情况盲目照搬。

苏格拉底最喜欢和人辩论，他总是通过问一些对方不能不说“是”的问题，把对方诱导进自己设计的陷阱。我们可以不断重复对方的观点，找到共同点。最后，他会发现自己非常同意你的观点，愉快地接受了你的拒绝。

让你的拒绝听起来很顺耳。对于别人的一些想法和要求，先用肯定的口气表示赞赏，再来表达你的拒绝，这样不会直接伤害对方的感情和积极性，而且使对方容易接受，并为自己留下一条退路。通常，你可以采用下面一些话来表达你的意见："这真是一个好主意，只可惜由于……我们不能马上采用它。""这个主意太好了，但我担心眼下的条件使我们不得不放弃它，我想以后肯定会有用的。""你是一个体谅朋友的人，我知道，如果你不是十分信任我，并认为我有能力做好这件事，你是不会找我的，但是我实在忙不过来了，下次有什么事情我一定尽力。"等等。

而对于那些既没有什么实际意义又浪费时间与精力的活动，采用这种方法在玩笑的气氛中使自己全身而退。比如说，朋友邀你一起去玩电游，你就可以说："说出来不怕你们笑话，我学了几年始终玩得不像样子，你们看了都会觉得可怜，为了不影响你们的玩兴，我还是不去比较好。"同时，你还可以辅以其他的事例进行说明，或者找一些比较好的借口增强这种自我贬低的效果。

在现实生活中，出于某种原因或目的，有些人要求我们对一些事情或人物作出评价或发表看法，以探明我们的态度，而事实上，我们又不宜把评价或看法具体化，这时，如果我们不能机智地应付，巧妙地作答，就可能陷入被动局面以至于无所适从。比如说，有些人喜欢背后谈论他人，说长道短，碰上这种人，我们应该谨慎地对待，尽量少发言、少评论，让自己的发言少带倾向性。这时，采用模糊应答的方法，可以避免卷入一些不必要的麻烦之中，这对于我们走上社会处理人际关系也是很有益处的。

对于某些问题，我们可以巧妙地把对方设置在同样的情景，引诱对方作出判断，从而让对方明白自己的处境或意思，以巧妙地拒绝对方的要求。这种方法在历史上有一个经典的范例。

一次，一位记者问艾森豪威尔将军一个有关军事机密的问题，艾森豪威尔将军做耳语状说："这是一个机密问题，你能替我保密吗？"记者连忙说："能！"将军回答道："我也能！"

总之，随着社会的发展，各种关系日趋复杂，这也就越来越迫切地要求我们学会"拒绝"——这不仅是一种人与人理性交往的方式，也是为自己烹调慢生活的必要技艺。

宽容他人就是宽容自己

原文

善者，吾善之；不善者，吾亦善之，德善。（《道德经·四十九章》）

意译

对于善良的人，我会善待他；对于不善良的人，我同样会善待他，如此一来彼此也就都得到了真正的善良之心。

人生智慧

宽容是一种美德。宽容是壁立千仞的泰山，是容纳百川的江河湖海。深邃的天空容忍了雷电风暴一时的肆虐，才有风和日丽；辽阔的大海容纳了惊涛骇浪一时的猖獗，才有浩渺无垠；苍莽的森林忍耐了弱肉强食的规律，才有郁郁葱葱。泰山不辞抔土，方能成其高；江河不择细流，方能成其大。

台湾作家林清玄的文章《送一轮明月》里讲的就是一个有关宽容的故事。说一个老和尚独自在一座山上修行，有一天晚上，他趁着月光出去散步，等他回到小屋的时候，他看见一个小偷在屋里翻找他的东西，他一声不响地站在门外。等到那个小偷出来的时候，他脱下身上的长袍，微笑着对小偷说："你这么辛苦地从山下跑来看我，我也没有什么贵重的东西送给你，这件长袍就送给你御寒吧。"小偷拿着长袍走了。但是第二天当老和尚醒来的时候，却发现那件长袍正整整齐齐地叠好放在他的旁边。

如果换作是你，面对这样一种情况，你会怎么去做？是大喊大叫"抓贼"，还是奋力上前打斗？抑或是躲在一边不敢出声？再或者是采用其他的方法？但是不管是哪个，我相信肯定不会有人有老和尚这样的举动，也不会收到老和尚这样的效果。

这就是一种宽容的智慧，假如老和尚当时大叫"抓贼"的话，小偷一方面可能会因为害怕而跑掉，另一方面也有可能会凶性大发，做出其他更加不利的事情来。前者对于老和尚来说可能没有什么伤害，但是对于小偷来说，却不能止住他犯罪的脚步；后者既对老和尚不利，对于小偷来说是让他犯下更深的罪恶。不管是哪个，都是既不利人也不利己的结果。所以最好的结果是用宽容来感化他，这样做即使自己可能会受到一点小小的损失，但是对于他人来说却是得到了一个很大的帮助，又何乐而不为呢？何况那个人还会一生都牢记你对他的宽容及恩惠。

每个人都有弱点与缺陷，都可能犯下这样那样的错误。作为肇事者要竭力避免伤害他人，但作为当事人则要以博大胸怀宽容对方，避免怨恨和消极情绪的产生，从而消除人为的紧张，愈合身心的创伤。这样对于你来说，可以避免受到更大的伤害；而对于对方来说，则会迷途知返，改恶向善，从而为社会消除一丝不和谐，为人性带来一点新希望。

其实仔细思考一下，我们不难发现，所有宽容的智慧都是用行动来表现的，而非语言。老和尚如果留下这个小偷来，即使彻夜和他讲论什么善恶、因果、对错，相信都不会有脱下衣服送给他的效果这么好。

与爱人交往，宽容是争吵后的主动修好，是对于爱人性格缺陷的循循善诱，而不是猜测、嫉妒、中伤甚至大动干戈。

与朋友交往，宽容是鲍叔牙多分给管仲的黄金。他不计较管仲的自私，也能理解管仲的贪生怕死，还向齐桓公推荐管仲做自己的上司。

与同事交往，宽容是光武帝焚烧投敌信札的火炬。刘秀大败王郎，攻入邯郸，检点前朝公文时，发现大量奉承王郎、侮骂刘秀甚至谋划诛杀刘秀的信件。可刘秀对此视而不见，不顾众臣反对，全部付之一炬。他不计前嫌，化敌为友，从而壮大自己的力量，终成帝业。这把火，烧毁了嫌隙，也铸炼了坚固的事业之基。

你要宽容别人的龃龉、排挤甚至诬陷，因为你要知道，正是你的力量让对手恐慌。你更要知道，石缝里长出的草最能经受风雨。风凉话，正可以给你发热的头脑“冷敷”；给你穿的小鞋，或许能让你在舞台上跳出曼妙的“芭蕾舞”；给你的打击，仿佛运动员手上的杠铃，只会增加你的爆发力。睚眦必报，只能说明你无法虚怀若谷；言语刻薄，是一把双刃剑，最终也割伤自己；以牙还牙，也只能说明你的“牙齿”很快要脱落了；血脉偾张，最容易引发“高血压病”。“一只脚踩扁了紫罗兰，它却把香味留在那脚跟上，这就是宽恕。”安德鲁·马修斯在《宽容之心》中说了这样一句能够启人心智的话。

最后还需要提示一点，宽容，并非说让你对错误不闻不问，而是说，你要学会宽容的方法，这样既不会让犯了错误的人觉得尴尬、羞愧，同时又可以达到教育的目的。

利人利己，不争而胜

原文

以其无私，故能成其私。（《道德经·七章》）

意译

正是因为不求自己的私心，反而能够成就自己的私心。

人生智慧

现代社会争名夺利之事常见，人与人之间的竞争很激烈，利益冲突是常态。如何在竞争中取胜呢？老子告诉你要“不争”“无私”之类的话。可能对于这些话急功近利的你肯定听不下去，少安毋躁，不妨看一下下面这个成功生意人的例子吧。

据说美国有这样一位农场主，他种的农作物每年都获得当地农会竞赛的最高荣誉奖，而他获奖后必定把自己所获奖的最佳的品种分给他的邻居们。

大家觉得不理解，难道他不怕别人获得了他的种子，在下一次的比赛中超过他？

这位农场主看出大家的疑问，做了一次非常感动人的解释。他讲了道理：

“我无法避免，因风吹而使邻居的花粉飘到我的田里。倘若我不将好的种子分享给每个邻人，那么飘过来的花粉不好，也必然会使我的田地产出不好的品种，唯有在我周围的品种都是好的，才能保证我的田里产出最好的品种。而我在得奖之后，不会就此松懈偷懒，坐享其成，仍然继续努力研究改良，因此我能持续不断地获得最高荣誉，因为当别人赶上我去年的水准时，我早已又往前迈了一大步。所以我从来不担心别人超越我。相反，若有人超越我，将带给我精益求精的动力，让我追求更大的进步空间。”

这个农场主的想法，已经不是竞争的技术问题、智慧问题了，已经上升到一种很高的精神层面了。这和老子的主张很像，我们可以联系起来加以阐说。

第一个竞争理念是：适者生存，不适者淘汰；优者生存，劣者淘汰。那么这个农场主给我们什么启示？这个农场主当然也处在竞争中，而且他当然是适者、优者、生存者，而且是优秀的适者、优者、生存者。可贵的是，他不去挤压别人，不是一定要把别人挤垮压垮，而是尽管我是适者、优者，你是不适者、不优者，我却要你也转变为一个适者、优者、生存者。这就是境界。

第二个竞争理念是：最小的耗费，获取最大的利益。这叫

“最小最大”理念。上例中这个农场主就是这样，他把自己的好种子送给别人，对他来说这是一种很小的，或者说是最小的耗费，但是第二年别人种得好，花粉好，这些花粉飘到他的田地，不是让他自己的农作物获得最大的利益吗？不是可以获得更大的丰收吗？如果设想一下，在竞争中你不关心别人，那么别人也不会关心你，还可能破坏，那不就是有“尤”了？

第三个竞争理念是：要公平又合法。那个农场主在竞争中做得很好，合法是当然的，而公平，不仅做得很好，而且有境界。农场主的竞争有高层次的公平，他把好的种子给了对手，帮助对手，然后提高对手的水平，明年大家就在差不多的水准上竞争，这不是更高层次的公平合理吗？这种竞争不是生存竞争了，而是变成了一种生产与生活的艺术性的竞争了。

第四个竞争理念是：要有时间观念、效能观念。这个农场主，太懂得这一点了，他把好种子给别人，就能在最短的时间内，去取得最好的效能。比如他的作物可以在第二年就获得别人田里飘来的最好的花粉，另外人家的进步逼着他加快自己研究开发的速度。

可是我们大多数生意人却只学到市场竞争中“优胜劣汰”“你死我活”“残酷竞争”“大鱼吃小鱼，小鱼吃虾米”的“要点”，他们会拿着亚当·斯密“一只看不见的手”为自己的自私狭隘开道，于是商业气氛中到处充溢着硝烟味。

亚当·斯密是英国的古典政治经济学的杰出代表。他的《国富论》是市场经济理论的第一部巨著，他提出的著名的

“一只看不见的手”的论断一直到今天还非常重要。确实这种理念下的自由竞争，使得英国经济在当时飞速发展，但是亚当·斯密所向往的利己主义与经济规律自发作用相结合的社会秩序谁也没有看到。后来就有李嘉图、马歇尔等，一直到凯恩斯、熊彼特等经济学家，他们不断地修正和推进市场经济的理论，已经很成熟了，有许多宝贵的智慧、经验与教训，是人类共同的珍贵财产。如果他们读过老子的书，不知道心灵上会产生什么碰撞，发生怎样的对话，一定会是精彩纷呈的，不过，这当然是一个无解的玄想罢了！

所以，如果你老是合作不成，或者在商场上厮杀得声嘶力竭依然不得要领，听老子的话，检讨一下你自己，是不是你的言行有自私、财迷之嫌？

修道之人何惧寂寞，做志在利他的寂寞者

原文

同于道者，道亦乐得之。（《道德经·二十三章》）

意译

与大道合为一体的人，大道也同样愿意帮助其成功。

人生智慧

老子所说的“同于道者，道亦乐得之”，与孔子的“德不孤，必有邻”道理相似。修道的人，自然会与修道的人在一起，因为志同道合。所以，真正为道德而努力，不要怕寂寞、怕凄凉，纵然不得之于一时，也得之于万古。南怀瑾先生笑言，做人做学问，也一定要耐得住寂寞才行啊！

无论做什么事，都不要做表面功夫，坚持自己的理想，不要被外在的事物所影响。因为，真正为道德做学问的人，要“富贵不能淫，贫贱不能移，威武不能屈”，节操不移，才能出世入世，志在利他。

从前，有位年轻的猎手，他枪法极准但总捕猎不到大雁，苦恼的他找一位长者求教。长者把他领到一片大雁栖息的芦苇地，指着站得最高的一只大雁说："那只大雁是放哨的，我们管它叫雁奴。它只要一发现异常情况就会向雁群报警，所以接近雁群往往是很困难的。但我有办法，你现在故意惊动雁奴再潜伏不动。"年轻人照做了。雁奴发现年轻人后立即向同伴发出警告，正在栖息的雁群闻讯后纷纷出逃，但没发现什么，便又飞回原地。长者让年轻人如法炮制了好几回。终于，几乎所有的大雁都以为雁奴谎报军情，纷纷把不满发泄在雁奴身上，可怜的雁奴被啄得伤痕累累。"现在，你可以逼近雁群了。"长者提醒道。于是，年轻人大摇大摆地走进了芦苇地，雁奴虽瞧在眼里但也懒得再管，年轻人举枪……人生常常会这样，忠诚的人被误解，被误解的人不能坚持到底。

说到志在利他的寂寞者，便想起了鲁迅先生笔下的"魏连殳"，一个最终没能坚持自我的孤独者，一个在孤独中悲哀死去的理想破灭者。曾经历过辛亥革命风暴，接受过"五四"新思潮洗礼的魏连殳原是一个正直、善良、不满现实的知识分子，在贫困的境遇里遍尝人间辛酸，饱尝世态炎凉。生活经历使他一度成为旧势力面前的叛逆者、旧习俗笼罩之下的异路人。看透了旧制度所特有的产物——虚伪、冷酷，所以"对人总是爱理不理的"，但他冰冷面容下仍未失去火热、善良之心——愿给失意者和小孩子以温暖。魏连殳为社会所不容，不得不在嘲笑、咒骂、排挤中打发时光，在冰冷凄苦的环境中忍受着被侮辱、被欺凌的精神苦刑，咀嚼着不可排遣的孤独、寂寞。当流言追逐他、失业打击他、数千年传统的灰色人生逼迫他走向绝境时，他终于向残酷的现实低头，他投进军阀怀抱乞求"实际"，躬行起"先前所憎恶、所反对的一切"。实际上，他是在“胜利”的喧闹中独饮悲哀痛苦的冷酒，最终背负着不可愈合的内心创伤悲惨死去。魏连殳是个失败的、迷失自我的寂寞者，无法在与现实的博弈中保全自己的理想与尊严，一时的妥协也换来了心灵的沉沦。

苏轼在《水调歌头》中有一句写道：“我欲乘风归去，又恐琼楼玉宇，高处不胜寒。起舞弄清影，何似在人间？”屈原在所处的时代，也是“众人皆醉我独醒”，不过寂寞了一时，依然赢得了一世盛名，忠心高洁，世人皆知，可谓了无遗憾了。

寺院中都有不可违背的清规戒律，即便如此，还是会有些和尚屡屡犯戒。这天，刚刚做完日常佛事，僧侣们正要走出禅房时，方丈守心法师扬手碰落了供台上的一个瓷瓶，摔了个粉碎。众弟子一下子愣在那里，不知方丈的这一举动，是有意为之，还是无意所致。守心法师见学僧都以探询的眼光看着自己，便语气凝重地说：“一抔泥土，不知经历了多少工序，经过了多长时间的煅烧，才超脱成珍贵的瓷瓶，被我们摆上了神圣的供桌，成为一件高贵圣洁的法器。如果保存好了，千百年都不会损坏，可以万世流传。可是，扬手之间，它就坠落于地，一文不值了。同理，一个人，尤其是敛德修行的僧人，取得了法号，悟出个境界，不是件易事！若不珍惜、不自律，堕落起来与瓷瓶无异！”僧侣都默默无语，有些人忽然有所顿悟，合掌跪地，深表忏悔。

戒律如此，本心也是如此，志在利他的寂寞者总是曲高和寡，高处不胜寒，要耐得住寂寞，耐得住别人的口舌，实是不易，一不小心，打碎的便不只是寂寞了。

以赤子之心，行人间正道

原文

含德之厚，比于赤子。（《道德经·五十五章》）

意译

道德涵养浑厚的人，就好比初生的婴孩。

人生智慧

《道德经》第五十五章可以看作老子唱给婴儿的赞美诗。老子用了整章的笔墨来描述着自己心中的偶像，这个“大人物”就是小“婴儿”。不仅如此，老子还多次在《道德经》中歌颂“婴儿”“赤子”。可见，这位哲学家的心中经常有婴儿、赤子的形象浮动着。这样一来，他的心态当然能不断地校正，他的人生当然长寿，当然超脱，当然潇洒！

是因为小孩子幼滑的肌肤和可爱的笑容才惹得老子迷恋吗？不是。老子羡慕和赞美的并不是小小的婴孩本身，而是他们的赤子之心。

老子对于赤子的赞颂大约是最突出的了，他实际上是用赤子来比喻含有厚德、明白天道的人。从婴儿虽然柔弱但紧握的拳头中，从婴儿整天号哭但是喉咙却不嘶哑中，老子将观察与体悟都渗透到“道”的内核中去了。这是因为得“道”的特征是：专一、纯真、不争、无为；内部精气充足，并且达到极致，因此能顺合自然，无为无不为；精气和谐到极点，因此能趋于自然，有益于人生。这就是所谓“精之至”“和之至”，这样就在“婴儿”“赤子”与“含德之厚者”之间沟通起来，“婴儿”“赤子”成为老子得道者的一个非常美妙的形象。

这里再深入下去，就更有意思。老子所说的“婴儿”“赤子”是浑然元气初生之儿，是天真未凿的幼儿，但是到了后来这些心灵就起了变化，比如在生命的进程中，有的向往仕途，有的希望发财，有的想拥有美色等，慢慢地，这些先前的婴儿成了欲望的俘虏，于是一味地意气用事，一味地霸道逞强，一味地贪欲扩张，都与最初呱呱坠地的婴儿、赤子那种浑朴、真纯、柔和相去越来越远了，最终被异化到危险的境地。老子在这里剖析了又一种与婴儿、赤子相对立的生命状态，两相对照，不失为警世之举，醒世之言。这是一种深刻的生命哲学、人生哲学！

但是，我们不免疑问：生命本身就是一个过程。人人都有生命中的婴儿、赤子状态，然后进入金色的童年，朦胧的少年，火热的青年，成熟的中年，然后是如歌的老年，这不是一种生命的自然生态，亦是一种生态的自然吗？人怎么能够永远停留在赤子的婴孩状态？那岂不是弱智？

其实老子说的是深层哲理，不是表面的肤浅情况，这是一个内心修养的要求，是高境界生命状态的要求。老子是教诲人们，通过深厚的修养，使“德”升华到高深的道德境界。这就是能“精之至”，即心地真挚，精神饱满，生机勃勃。这就是又能“和之至”，即心灵纯洁凝聚，和谐寡欲。这样就能够自然、天真、活泼、恬淡、充实，离“天道”“本性”更近，离婴儿、赤子那种生命状态就近了。这种要求当然很高，很难完全做到，但是现代人却确实可以从中得到启示与智慧。

老子献给婴儿、赤子的哲学诗篇，我们还可以从审美角度加以解读。老子赞美婴儿、赤子，说他们具有纯真自然的天性，没有利害得失的计较打算，最符合老子道德的理想。而这种生命状态，也正是老子所提倡的“涤除玄览”所需要达到的精神状态。明代的李贽、袁宏道等人就多次赞美赤子、稚子的天真，一切出于自然，最符合审美的要求。袁宏道说：“夫趣，得之自然者深，得之学问者浅。当其为童子也，不知有趣，然而无往而非趣也。”所以，一个人整天为生计奔波，算计金钱和权力，忽略了其他美丽的风景，他能不痛苦吗？

“赤子”可爱，“赤子”需要保护，老子赞美并提倡的那种“赤子”生命状态尤其需要我们去修炼一番，这对于现代人来说是处世的哲言。

智者不做情绪的奴隶

原文

善为士者，不武；善战者，不怒。（《道德经·六十八章》）

意译

善于当统帅的人，不会轻易使用自己的武力；善于作战的人，不会随便逞强恼怒。

人生智慧

“善战者，不怒。”这是老子《道德经》里的一句话。《道德经》五千言，主要不是讲战争，但惜墨如金的老子却不忘告诫人们用兵打仗不能轻易被激怒的道理，可见其重要性。

专门讲战略战术的《孙子兵法》，自然也没有忘了劝人制怒：“主不可以怒而兴师，将不可以愠而致战。”“怒”与“愠”是兵家所忌。一旦指挥暴烈，怒上心头，就可能失去理智而吃败仗，带来灾难性的后果。这样的事例，我们在古今中外战争史上已读到过许多。周瑜就是被诸葛亮气死的。

凡读过《三国演义》的人都知道孔明三气周瑜这个故事。

由于周瑜才智不如孔明，第一次孔明袭了南郡又取了荆襄后，瑜气伤箭疮，半晌方苏。醒后发誓："若不杀诸葛村夫，怎息我心中怨气！"

第二次孔明设计将周瑜击败，瑜又怨气冲激，疮口迸裂，昏厥于地。第三次当孔明识破周瑜假途灭虢之计，周瑜差点被捉时，再次怒气填胸，在马背上大叫一声，箭疮复裂，坠于马下。

不久，周瑜仰天长叹："既生瑜，何生亮！"连叫数声而亡，寿36岁。

综观整个故事，周瑜看到诸葛亮才智超群，便起了嫉妒之心，继而心生怨恨，在被诸葛亮用计击败后，更是恼羞成怒，最终因气而亡，英年早逝，人们无不为之扼腕叹息。

世上大凡控制不好自己情绪的人都是以失败告终，他们成为情绪的奴隶，受着情绪的役使，最终导致了自己的失败。大名鼎鼎的美国实业家洛克菲勒有一次和人对簿公堂。法庭上，对方律师拿出一封信问洛克菲勒："洛克菲勒先生，我给您寄了信，您收到了吗？回信了吗？"

"我收到了。但没有回信。"洛克菲勒平静地回答他。

这位律师又相继拿出了二十几封信，一一地询问洛克菲勒，洛克菲勒也都毫无表情地给予了相同的回答："我收到了信，但没回信。"

洛克菲勒的态度让律师愤怒不已，他根本无法控制自己的情绪，在法庭上暴跳如雷，大声地咒骂着洛克菲勒。

因为律师情绪失控，自己乱了章法，且在法庭上言行失当，这次官司的结果自然是洛克菲勒胜诉。

生活中遇到对手在所难免，如果能够很好地控制住自己的情绪，就等于胜利了一半，打仗和竞技是这样，工作与人生何尝不是如此呢？发怒是一种很不好的心境，发怒时情绪过激，不仅容易把事情办砸，暴怒生气还可能气坏身体。

十运会网球男子团体决赛，对阵的是江苏与天津，在决胜局中由于裁判一个有争议的判罚，被激怒的天津运动员把球拍摔到地上，由此球场大乱，“水弹”横飞，比赛被迫中止40分钟。改判后比赛重新进行，不料天津队在4∶2领先的情况下被对方追上并反超，预定稳拿的冠军就此丢失，对方则“拿到一枚计划外的金牌”。

原本有实力赢得金牌的一方，只因为被激怒、心理失衡导致败北的事例，还真是屡见不鲜。

可是人非草木，孰能无情？很多人都是明知生气不好，但就是控制不住自己。这是许多人共同的感受。为了制怒，人们也想了不少办法。比如有个美国人就说：“当你气恼时，先数到10然后再说话，假如怒火中烧，那就数到100再说话。”西方人的制怒“处方”也许管用，但就怕像西药一样，偏重治标。中国人则重在治本，自古以来就提倡忍让和雅量，如果在职场上也有个同事惹得你心情不美妙，你可以多数几遍“善战者，不怒”。

亲切但不亲密，有时距离才能产生美

原文

故不可得而亲，不可得而疏；不可得而利，不可得而害。（《道德经·五十六章》）

意译

因此，既不能因为了解他而投其所好与之亲近，也不能因为了解对方而故意和他疏远；不能因为了解而利用对方，也不能因为了解而伤害对方。

人生智慧

老子的这句话告诉了我们，朋友之间要注重情感的真挚和心灵的纯净，而不可注重表面上的亲近和喧嚣，也就是我们通常所说的“君子之交淡如水”。

有人以为，朋友之间就要亲密无间，称兄道弟，甚至要成为“死党”。其实，多数朋友只是普通朋友，真正可成为“死党”的朋友并不多。

生活中我们常会发现，一些所谓的“死党”到后来还是散了，有的是“缘尽情了”式的散，有的则是“不欢而散”式的散，无论怎么散，就是散了。

人能有“死党”是很不容易的，散了，就非常可惜。

而“死党”一散，尤其那种“不欢而散”地散，要再重新组“党”是相当不容易的，有的甚至根本无再见面的可能。

人一辈子都在不断结交新的朋友，但新的朋友未必比老的朋友好，失去友情更是人生的一种损失，因此，人们要与好朋友“保持距离”。

这话听起来是有些矛盾，好朋友应该常聚首，保持距离不就疏远了吗？

问题就出在“常聚首”上，很多“死党”就是因为一天到晚在一起，所以才散了。为什么呢？

人之所以会有“一见如故”“相见恨晚”的感觉，之所以会有“死党”的产生，是因为彼此的气质互相吸引，一下子就越过鸿沟而成为好朋友，这个现象无论是异性或同性都一样。但再怎么相互吸引，双方还是会有些差异的，因为彼此来自不同的环境，受过不同的教育，因此人生观、价值观再怎么接近，也不可能完全相同。当二人的“蜜月期”一过，便不可避免地要接触彼此的差异，于是从尊重对方开始，变成容忍对方，到最后成为要求对方。当要求不能如愿，便开始挑剔、批评，然后结束友谊。

很奇妙的是，好朋友的感情和夫妻的感情很类似，一件小事也有可能造成感情的破裂。我有一位朋友，他和租同一栋房子的房客成为朋友，后来因为对方一直不肯倒垃圾，他认为受到了不公平的对待，于是愤而搬出去，二人至今未曾再往来过。

所以，两个人有如两条铁轨，平行着才能走远。如果有了“好朋友”，与其太接近而彼此伤害，不如“保持距离”，以免碰撞。

那么接下来，我们该如何做呢？如何做才能恰到好处地“保持距离”呢？

“保持距离”就是不要太过亲密。也可以说，心灵是贴近的，但身体是保持距离的。朋友相处，重要的是双方在感情上的相互理解和遇到困难时的互相帮助，而不是了解一些没有必要的东西。有的人为了表示自己对朋友的信任，把自己的一切情况及观念和盘托出，这种做法是一种轻视自己的行为，如果你所结交的朋友是一个值得信赖、品行端正的人，可以说是你的幸运，万一对方是居心不良、有歹意的人而你又如此坦率，情况就会使你大伤脑筋。

如果对方已开始打你的主意，决定在暗中“宰”你，那么你的这种草率做法很可能是在为对方的行动创造有利条件。一个人的行为习惯、经常出入的地点、某些专门活动和个人隐私等，均属于个人秘密，如果对方不是你的知己，是不宜轻易告诉的。

有些人自以为朋友和自己心心相印，说什么他都不会计较，就对他当面诉说你对他本人的不满。若你的朋友并不像你想象的那么大度，则很有可能记恨在心，而伺机暗中布设圈套陷害你。因此，你在坦言之前，最好认真思考一下后果，看对方是否能够接受，是否会产生逆反心理，是否感到你的行为过于轻率，是否会影响你们之间的友谊。当你发现对方心胸比较狭窄的时候，必须认真考虑对方有没有实施报复行为的可能性。这其中就涵盖了“保持距离”的意思。

“保持距离”能使双方产生一种“礼”，有了这种“礼”，就会相互尊重，避免因碰撞而产生伤害。但运用这一技巧时，一定要注意一个“度”，如果距离过大，就会使双方疏远，尤其是现代商业社会，大家都在为自己的事业奔波，实在挤不出时间，这样很容易忘了对方，因此一对好朋友也要经常打个电话，了解对方的近况，偶尔碰面吃吃饭，聊一聊，否则就会从好朋友变成一般的朋友，最后变成只是熟人罢了，两人的友情等级会逐渐递减！

所以，为了保持你们之间的友谊，为了让你的人生不再孤寂，那就遵循这一原则——好朋友也要适度保持距离！

第八章

祸莫大于不知足，咎莫大于欲得

——知足常乐的智慧

安贫乐道，知足常乐

原文

祸莫大于不知足，咎莫大于欲得。故知足之足，常足矣。（《道德经·四十六章》）

意译

最大的祸患就是不懂得满足，最大的罪过往往就是什么都想要而贪得无厌。所以，懂得满足的这种满足的状态，才会真正永远满足啊。

人生智慧

人一旦有了过多的欲望，便会不知足。西方悲观主义哲学家叔本华认为欲望是痛苦之源，烦恼之根。人的痛苦是从生命的欲望中产生的，人的欲望是永远也无法满足的，痛苦与生命是不相分离的。

随着经济的发展，人们对物质利益追求的欲望越来越大；随着社会的开放，人们越来越追求感官享乐；随着竞争的激烈，人们越来越追求成功，欲壑难填是常有的事。

欲望——满足——更大的欲望……

人的一生就陷入这样的怪圈之中而不能自拔。一旦欲望得不到满足，便会产生痛苦和烦恼。一位哲人曾经说过的：欲望是海水，越喝越渴。人只要有自己的喜好，一旦遇到自己中意的就要陷入套中。爱财的一见到金子就两眼发直；好色的见到美女就垂涎欲滴；喜欢附庸风雅的看到古玩字画就走不动路。因此，人要真的无欲还真难，就是动物也难逃欲壑这道陷阱。

狐狸和狼是死对头，在动物王国中，它们一直在明争暗斗，渴望更高的位置和权力。但是狼比狐狸走运，狼被提拔了，而狐狸却什么也没得到。

怎样搞掉狼呢？狐狸冥思苦想，终于想出一条计策。

狐狸去拜见狼，诚恳地说："狼大哥，过去我有对不起你的地方，是我错了，你一定要原谅我呀。"

狼见狐狸登门认错，心里得意，摆出大仁大义的样子说："没什么，过去的事情就别提了，咱们团结一致向前看。"

狐狸与狼倾心长谈，并积极为狼出谋划策，临走时，非要留下点小礼品不可。狼觉得也不能太不给狐狸面子，就收下了，反正狐狸也没有什么要求。

狐狸隔三差五来走动，每次来都带些礼品，不轻不重，狼渐渐地也就习以为常了。

有一天，狐狸对狼说："现在羊和猪在争一块草地，羊跟我关系不错，你看能不能帮羊说句话？"

这件事狼是知道的，不是什么大事，就替狐狸办了，之后，狐狸拿了更多的礼品来感谢。

长此以往，狐狸求狼办的事也越来越多，当然礼品也越来越多，不知不觉中，超过原则的范围也越来越远。

终于有一次，狐狸让狼办一件很危险的事，许诺事成之后定有重谢，狼不干。狐狸取出一个小本，上面记着狼每次受贿的时间、事由等，各种证据俱全，这些就足以毁掉狼的前程。不得已，狼答应再帮这一次忙，下不为例。

没有下一次了，狼东窗事发，将在狱中度过自己的余生。

这只贪婪的狼最终以牢狱之灾结束了原本美好的生活，为自己的贪欲付出了沉重代价。虽然这是个寓言，但现实生活中，从来不乏这样的例子。欲望是魔鬼免费赠送的一剂穿肠毒药，谁能免疫？然而饮鸩虽暂时能止渴，却让我们身中剧毒，比口渴难耐时还要可怕。所以人应当时刻提醒自己，不要让自己跌倒在自己的爱好上。被欲望所掩埋是很残酷的，而往往这种贪欲就像是人性的鸦片，你吸食的时候很过瘾，完全意识不到它的坏处，等你想抽身而逃的时候已经很晚了，而且戒也戒不掉。

对于一个不知足的人来说，天下没有一把椅子是舒服的。欲望就如同一团熊熊烈火，柴放得越多，烧得越旺，而火烧得越旺，人就越有添柴的冲动。于是，人便奔来奔去、忙里忙外，难有停息的时候。

淡看人生浮沉，荣辱不存于心

原文

宠辱若惊，贵大患若身。

何谓宠辱若惊？宠为上，辱为下；得之若惊，失之若惊，是谓宠辱若惊。（《道德经·十三章》）

意译

得宠或者被侮辱时就如同受到惊吓一般，将大患看得像自己的身体一样重要。

什么叫做得宠或者被侮辱时就如同受到惊吓？其实得宠并不一定是开心的事，因为得宠就会担心失宠，失宠就如同受辱，得到与失去都是因为自己身份卑微、在人之下，这就是我们所说为何得宠或者被侮辱都是卑下的事，同时又如同受到惊吓。

人生智慧

这是老子在《道德经》一书中的一段关于宠辱的精彩论述。有些人宠辱若惊，时刻害怕灾祸降临到自己头上。受宠并不是件荣耀的事，但是得到它就会感到惊喜，失去它就会惶恐，这就是宠辱若惊。人们之所以会有祸患，就是因为不能摆正自己的位置。

宠，是得意的总表相。辱，是失意的总代号。当一个人在成名、成功的时候，若非平素具有淡泊名利的真修养，一旦得意，便会欣喜若狂，喜极而泣，自然会有震惊心态，甚至得意忘形。

万物发展有其规律，到极致时就会走向反面，到鼎盛时就会走向衰败。熊熊燃烧之火，离快要熄灭的时候已经不远了。因而，对于名利宠辱不必强求，不如淡然处世，反而有时会收到“有心栽花花不开，无心插柳柳成荫”的效果。这本不足道，世间万物无常，更何况宠辱不过都是外人加给我们的。别人能给你的东西，他们也就能随时拿走。所以不要为了他们的馈赠而喜悦，也不要为了他们的“拿走”而心生怨怼。

历史上有一个叫孙叔敖的人，一生几次沉浮，却始终游走于荣辱得失间，淡然处世，颇受后世推崇。

孙叔敖原来是位隐士，被人推荐给楚庄王，三个月后做了令尹（宰相）。他善于教化引导人民，因而使楚国上下和睦，国家安宁。有位孤丘老人，很关心孙叔敖，特意登门拜访，问他：“高贵的人往往有三怨，你知道吗？”孙叔敖回问：“您说的三怨是指什么呢？”孤丘老人说：“爵位高的人，别人嫉妒他；官职高的人，君王讨厌他；俸禄优厚的人，会招来怨恨。”孙叔敖笑着说：“我的爵位越高，我的心胸越谦卑；我的官职越大，我的欲望越小；我的俸禄越优厚，我对别人的施舍就越普遍。我用这样的办法来避免三怨，可以吗？”孤丘老人感到很满意，于是走了。

孙叔敖按照自己说的做了，避免了不少麻烦，但也并非一帆风顺，他曾几次被免职，又几次被复职。有个叫肩吾的隐士对此很不理解，就登门拜访孙叔敖，问他："你三次担任令尹，也没有感到荣耀；你三次离开令尹之位，也没有露出忧色。我开始对此感到疑惑，现在看你的气色又是如此平和，你的心里到底是怎样想的呢？"孙叔敖回答说："我哪里是有什么过人的地方啊？我认为官职爵禄的到来是不可推却的，离开是不可阻止的。得到和失去都不取决于我自己，因此才没有觉得荣耀或忧愁。况且我也不知道官职爵禄应该落在别人身上呢，还是应该落在我的身上。落在别人身上，那么我就不应该有，与我无关；落在我身上，那么别人就不应该有，与别人无关。我的追求是随顺自然，悠闲自得，哪里有工夫顾得上什么人间的贵贱呢？"肩吾对他的话很钦佩。

孙叔敖后来得了重病，临死前告诫儿子说："楚王认为我有功劳，因此多次想封赏我土地，我都没有接受。我死后，楚王为了奖励我生前的功绩，一定会封给你土地，你千万不要接受富饶的土地。在楚国和越国之间，有个地方叫'寝丘'。这个地方土地贫瘠，名字也很不好听。楚国人信奉鬼神，越国人讲求吉祥，都不会争夺这个地方，因此这个地方可以长久拥有。"

孙叔敖死后，楚王果然要封给他儿子一块相当好的土地，他儿子辞谢不受，只请求寝丘之地，楚王答应了他的请求。按照楚国的规定，分封的土地不许传给下一代，唯有孙叔敖儿子的封地可以世代相传。

其实，人生境界的高低不在于个人社会地位的高低，而在于一种心态，我们常常是宠辱皆惊，得失成败都看得很重，其实并不是普通人无法企及真人从容淡泊的境界，只是我们习惯于把尘世间的荣辱成败看的太重而已。所以，做人若能放下自我，放宽眼界，胸怀够宽广，自然能够承载很多得意与失意，那么就靠近了圣人们所描述的境界。

《菜根谭》里说："宠辱不惊，闲看庭前花开花落；去留无意，漫随天外云卷云舒。"对事对物，对功名利禄，失之不忧，得之不喜，正是"淡泊以明志，宁静以致远"。是真名士自风流，只有做到了宠辱不惊、去留无意方能心态平和，恬然自得，方能达观进取，笑看风云。

平民的生活，贵族的风度

原文

故知足不辱，知止不殆，可以长久。（《道德经·四十四章》）

意译

所以，懂得满足则不会受到屈辱，懂得适可而止就不会遭遇危险，这才是长久生存的道理所在。

人生智慧

老子说："知足不辱，知止不殆，可以长久。"从古至今，多少人在混乱的名利场中丧失原则、迷失自我，百般挣扎反而落得身败名裂。司马迁说得好："君子疾没世而名不称焉。"但"名利本为浮世重，古今能有几人抛？"

《庄子·逍遥游》中讲到庄子的一段经历。

有一天，庄子在濮水边垂钓，楚王派遣两位大臣先行前往致意，说："楚王愿将国内政事委托给你而劳累你了。"就是楚王想要请庄子去做楚国国相。

庄子手把钓竿头也不回地说："我听说楚国有一神龟，已经死了三千年了，楚王用竹箱装着它，用巾饰覆盖着它，珍藏在宗庙里。这只神龟，是宁愿死去为了留下骨骸而显示尊贵呢，还是宁愿活着在泥水里拖着尾巴呢？"两位大臣说："宁愿拖着尾巴活在泥水里。"庄子说："你们走吧！我仍将拖着尾巴生活在泥水里。"

道家认为做人应该摈除对名誉名声的执着。比如"名者，实之宾也，吾将为宾乎？"意思是说名为宾，是次要的，实才是主要的。所以当被征召去做官的时候，庄子说自己宁可曳尾涂中，过着穷困但是却自在的日子，因为在庄子眼中名誉不过是个虚浮的东西，只有逍遥自在的真实生活才是珍贵的。

最大的荣誉就是没有荣誉，把荣誉看得很淡很轻，名誉、地位、声望便都算不得什么了，即使行善做好事也不要留名。

当人们心中有了荣誉的念头之后，就可以看到种种忧心的事情。过分关心个人的荣辱得失，就只能忧虑烦恼，无以摆脱。相反，一个人若是看淡声名毁誉，不刻意去追求名声，专注于自身，修身养性，并以此心做事做人，反而常能收获良好的名声。就像一首歌中所唱"不求名来名自扬"。

比如，一个非常正直的学者，一生治学严谨，绝不会沽名钓誉。一个人能把名利看得淡一些，境界就会高一些。胡适先生到了台湾以后，曾对台湾的年轻学者们说："你们治学的态度应该学习大陆的季羡林。"

治学也好，为人也罢，道理其实都是相通的。一个人如果不能淡泊名利，就必然会急功近利，进而为了满足心中的贪婪而不择手段。人如果能少一点贪欲，多一点自制与满足，自然也就不会落入生活中各种各样的圈套中，让自己沦为一个任人宰割的羔羊。

同样，对于“利”字，道家也是持着看淡的态度。在《庄子·天运》篇中，庄子就曾假托孔子的口吻说：“以富为是者，不能让禄；以显为是者，不能让名。亲权者，不能与人柄。操之则栗，舍之则悲，而一无所鉴，以窥其所不休者，是天之戮民也。”意思是说：把贪图财贿看作正确的人，不会让人利禄；把追求显赫看作正确的人，不会让人名声；迷恋权势的人，不会授人权柄。掌握了利禄、名声和权势，便唯恐丧失而整日战栗不安，而放弃上述东西又会悲苦不堪，而且心中没有一点鉴识，目光只盯住自己所无休止追逐的东西，这样的人只能算是被大自然所刑戮的人。

我们以赤子之身来此世界，当以赤子之心走过此世界，也就是真正留取清白在人间，老子非常崇拜赤子，并在《道德经》中多次提到。既无声名，亦无功利，然而这也是莫大声名，莫大功利了。所以，道家强调说：“至人无已，神人无功，圣人无名。”所以，即便我们过的是平民一样的生活，却依然可以保持贵族的风度。

事实上，人生的规则也正是如此奇妙，贪慕虚名、急功近利者往往得不到真正的名誉；沽名钓誉、无所不用之徒往往得不到真正的快乐。庄子言：“不为轩冕肆志，不为穷约趋俗，其乐彼与此同，故无忧而已矣。”确实，那些不追求官爵的人，自然能不因为高官厚禄而喜不自禁，也不会因为前途无望穷困贫乏而随波逐流，趋势媚俗，做人若能像道家所倡导的那样，在荣辱面前一样达观，必然也就无所谓忧愁了。

所以说，我们做人，要懂得学习道家的安贫乐道，以淡泊之心看待名利，这样我们就能对客观的、外在的出身、家世、钱财、生死、容貌等，都看得淡泊，从而才可能达到道家所崇尚的精神超脱的境界。

学会过从容怡然的生活

原文

孰能安以动之徐生？（《道德经·十五章》）

意译

谁又能使寂静慢慢变得活跃起来，让空间里出现生机？

人生智慧

何为“徐生”？“徐生”是要人慢慢地生存，慢慢地欣赏沿途风景，不要风风火火，不要急急忙忙。

世上许多人钻营、忙碌了一辈子，究竟为谁辛苦，为谁忙？到头来自己都无法回答。其实，真正的动，是明明白白又充满意义的“动之徐生”，心平气和，才能生生不息。“动之徐生”是做人做事的法则，道家要人做一切事都不暴不躁，不乱不浊，一切悠然“徐生”，态度从容，怡然自得。

人生是不可避免的“劳生”，但“劳生”更要“徐生”。如今的社会，每个人都奔波劳碌，疲于奔命，早已忘却了“从从容容才是真”的人生真谛。青山不改，细水长流，“动之徐生”，“从容”便是。

老僧的一位老友来拜访他，吃饭时，他只配一道咸菜。老友忍不住问他：“这样不会太咸吗？”老僧回答道：“咸有咸的味道。”吃完饭后，老僧倒了一杯白开水喝，老友又问：“白水过于平淡了吧？没有茶叶吗？怎么喝这么平淡的开水？”老僧笑着说：“白水虽淡，可是淡也有淡的味道。”

漫漫人生路，需要品尝各种滋味，咸菜的咸与白水的淡就像人生中遇到的不同情境与事件，超越了咸与淡的分别，才能真正品味到咸的恰到好处与淡的至纯至真。有一首歌中曾说：“曾经在幽幽暗暗反反复复中追问，才知道平平淡淡从从容容才是真。”

徐缓是一位成功人士，当他的同学还在为饭碗苦苦奋斗时，他拥有了属于自己的一片天地。这一切似乎并没有像有些人那样牺牲健康和情趣孜孜以求，而是在从容淡定中将一切尽收囊中。有人欲探得其中奥秘，徐缓说，其实挺简单，换来这份从容的，也就是半小时。他刚参加工作时，和许多人一样，总觉得手头的事情做不完，业余爱好也丢了，人疲乏得要命，到头来还没落得个好结果。后来有一天，父亲对他说：“你能不能试一试，每天早出门半个小时？”他看了父亲一眼，对父亲的话并不十分理解，但他还是决定试一试。从第二天起，他开始比正常时间早半个小时出门。当他走到公共汽车站时，发现等车的人不多，上了车，又发现有许多空位，比平时惬意多了。而且，由于还没到上班高峰期，路上的交通也不堵塞，很快就到达目的地。坐在车上时，他就把一天的工作理了个头绪。进入办公室后，同事们还没来，他在空旷的办公室里伸展了一下手脚，而后开始听一段音乐。当同事们匆匆忙忙地打卡、手忙脚乱地开抽屉时，他的面前已放好了需整理的材料，并泡好了一杯热茶，接下来的工作是有条不紊的。

这里讲的或许是时间管理，半小时的短暂时间换来一世从容。其实，这是一种原理，兵荒马乱中永远都是一团乱麻，从容之中才能气定神闲，决胜千里。

许多人一世“劳生”，从来不知“徐生”的从容，其实他们陷入了人生的误区，无法自拔。禅语说，人生有三重境界：看山是山，看水是水；看山不是山，看水不是水；看山还是山，看水还是水。

“看山是山，看水是水”，是说一个人在涉世之初纯洁无瑕，目光所及之处一切都新鲜有趣，眼睛看见什么就是什么。

“看山不是山，看水不是水”，是因为随着年龄的渐长，阅历渐丰，日渐发现世事的繁杂，不愿再轻易相信什么，山不再是单纯的山，水也不再是单纯的水。如果一个人长期停留在人生的第二重境界，便会这山望着那山高，斤斤计较，与人攀比，欲望的沟壑越来越深，就在此境界中到达了人生的终点。这也就是为什么许多人在俗世中迷失了自己，在疲于奔命的路上终结了自己的一生。

“看山还是山，看水还是水”，第三重境界并非人人能达到，这是一种拨云见日的豁然开朗，是本性与自然的回归，心无旁骛，只做自己该做的，面对纷杂世俗之事，一笑而过，笑看世间风云变幻，只求从从容容、平平淡淡，因此，看到的又是山水的本来面貌。真正的做人与处世之道便在其中：人本是人，不必刻意去做人；世本是世，无须精心去处世。

学会“神游”，让自己的脑子动起来

原文

不出户，知天下；不阙牖，见天道。其出弥远，其知弥少。

是以圣人不行而知，不见而明，不为而成。（《道德经·四十七章》）

意译

不出门户，能够知道天下的事情，不用偷偷看着窗外，就能知道自然的规律。其实有时候走出去得越远，反而真正知道的就越少。

因此，圣人不出行而知道很多事情，不用见到就可以看明白很多，不用作为就可以成就很多。

人生智慧

“不出户，知天下”，老子的这句话遭到了很多人的攻击，人们以此为根据把老子打入唯心主义、神秘主义的流派。其实，老子的这句话是告诫人们，学习与认知，仅仅靠自己的眼睛、耳朵等感官是不够的，是无法深入到事物的内部去了解它的“灵魂”的。了解事物就应该靠“自省”，去领悟，知道了天下万物的运动和变化规律，如此才能真切地深入到事物的灵魂中。

李敖是台湾知名作家，生平以嬉笑怒骂为己任，而且确有深厚学问护身，自誉为百年来中国人写白话文翘楚，著作甚多。

谁能想到，这么一个有影响力的人物，竟然是个又慢又懒的家伙。他的很多作品和思想都是“懒”出来的，他足不出户就能神游世界。他的作品很多是坐在家里不费一文一厘想象出来的，因为李敖从来不旅游，是个极端的反旅游主义者：

“这是我一个很怪的理论，我把它叫做反旅游论。大家听了以后没人不笑的，觉得你李敖怎么这么不晓得人生的趣味。可是我告诉你，人生的趣味在于保留了很多想象的空间，保留了很多永恒的空间。照片在这里，你越看越疑惑，自己浮光掠影、走马观花地能够看到多少呢？所以我认为，今天很多年轻的、成年的或者退休的朋友，像无头苍蝇一样，到处旅游，到处坐飞机，到处住旅馆，去看这些山水风光，我认为他们看的还没有我看的多，至少他们知道的没有我知道的多。我有我这种土法炼钢的方式，配上现代的摄影科技，我觉得开拓我的视野，就是非常好的……东奔西跑去看什么呢？现在我们可以用更多、更好的照片，配上我们丰富的想象力，把它结合在一起，在家里面就可以卧游世界，不用东奔西跑了。现在科技这么发达，幻灯片、电影片、各种旅游的书那么多，要了解一个地方，太容易了。”这就是名人李敖的懒游宣言。

李敖的反旅游理论也受到了古人的启发。二十四史的《宋书》有一段讲到宗炳，宗炳这个人每游山水，往辄忘归，结果呢，旅行的时候生了病，就回到了江陵，感慨曰：老疾俱至，名山恐难遍睹。于是，他坐在家里，卧以游之——不能亲自去旅行了，便躺在床上来旅行了。凡所游履，皆图之于室。他跟别人说，他作曲弹琴，音乐响的时候，房间里他去过的山都会跟着动。

许多年以来，李敖就依靠神游"闭门造车"，但这一点不影响他了解世界。李敖有个好朋友叫马宏祥，此人在联合国做事，住在瑞士日内瓦。在日内瓦湖边他有房子，住在那里非常快乐。有一次他从日内瓦回来，跟李敖谈日内瓦湖，李敖也跟他侃侃而谈：

"湖旁边有个叫做Chillion的房子。"

这个好朋友听了以后吓了一跳，他吃惊地问李敖："你去过日内瓦吗？"

"没有去过。"

"你怎么知道日内瓦湖旁有Chillion这个房子？"朋友更加迷惑了。

李敖这才告诉他："我当然知道这个房子啊，我卧游。拜伦的诗里面还特别写了这个Chillion，它是个监狱，地下室里面关着囚犯。"

听了这样的解释，朋友佩服得五体投地。李敖怎么连瑞士日内瓦湖东边这么一个小小的、古典的小房子都那么熟悉，简直是神了。其实这位朋友有所不知，虽然李敖懒得动，没有出过国门，没有去过日内瓦，可是他脑子勤，手勤，他能通过查阅资料和那里的风景进行"神交"。

李敖的好多举世瞩目的作品就是他借助自己的想象力"神

交”出来的。当他看到名山胜水等风景的时候，他会用各种资料来汇合，可以天马行空地在脑海中构成影像。“人若没有这种想象力，不能够做任何的文学活动，也不能够做任何的艺术活动。为什么？太笨了。我李敖到今天为止，在台湾连续住了五十五年，台湾的很多风景，阿里山什么我都没有去过，我也不以为是遗憾。没有去过又怎样？所以我认为，不是没有去过就不了解，你照样可以了解它，并且可以用很奇怪的方法去了解它。”这就是李敖的豪言壮语。但是他真的做到了。举个例子，他没有去过北京附近的明十三陵，但对于万历皇帝的生前身后事却了如指掌。他没有到过北京法源寺，但他把《北京法源寺》写得活灵活现。

这些，无不证明了老子“不出户，知天下”这句话的正确性。很多时候，我们因为一些羁绊，难以出游，那么倒不如像老子所说进行“神游”，在书本与知识的世界里，一日千里，游遍大好河山。

去除无休止的欲望，安守当下的幸福

原文

甚爱必大费，多藏必厚亡。（《道德经·四十四章》）

意译

过分追求自己喜欢的东西必然会有过量的消耗，过分地收藏财物也必定会带来重大的损失。

人生智慧

唐代著名诗人白居易曾写过《问刘十九》这样一首小诗：

绿蚁新醅酒，红泥小火炉。

晚来天欲雪，能饮一杯无？

这首诗不但是一个很精彩的请柬，更是一种无欲无求，追求恬淡、诗意、自然生活的人生境界的写照。

现实生活中，每个人都在欲望的道路上奔走，把赚钱和获取地位当作自己的毕生追求和首要目标，欲罢不能，早就忘记了诗人所说的那种境界。“请神容易送神难”，是非欲念就是这样，在心中产生很容易，但当人想把它们祛除时，却困难了。而另一方面，别人就很有可能利用这一点，轻而易举地将你虏获和击败。

有一种猴子，它们非常喜欢偷吃农民的玉米。尤其是晚上的时候，农民们没有时间照看，玉米常常会被洗劫一空。起初农民们拿它们没办法，后来他们发现猴子都有贪得无厌的习性，于是他们根据这种习性发明了一种捕捉猴子的巧妙方法。

农民们把一只只葫芦形的细颈瓶子固定好，然后把它们拴在一棵大树下，再在瓶子中放入猴子们最爱吃的玉米，然后就等着猴子们上钩了。

到了晚上，猴子们来到树下，见到瓶中的玉米十分高兴，就把爪子伸进瓶子去抓玉米。这瓶子的妙处就在于猴子的爪子刚刚能够伸进去，等它抓到一把玉米时，爪子却怎么也拿不出来了。而这些猴子十分贪婪，绝不可能放下已到手的玉米，就这样，它们的爪子也就一直抽不出来，于是只能死死地守在瓶子旁边了。

到了第二天早晨，农民们抓住它们的时候，它们依然抓着玉米不放，直到把玉米送入嘴中。

这些可怜的猴子，因为自己的贪婪而丧失了自由，甚至丢掉性命。其实，在生活当中，也有不少人，为了永无休止的欲望而无谓地失去很多东西。我们想要这个或那个。如果不能得到我们想要的，我们就不停地去想我们所没有的，并且保持一种不满足感。如果我们已经得到想要的，我们仅仅是在新的环境中重新创造同样的想法，因此，尽管得到了我们想要的，我们仍旧不高兴。当我们充满新的欲望时，是得不到幸福的。

为了生存，我们透支着体力和精力；为了爱情，我们透支着青春和情感；为了财富和地位，我们失去了健康和快乐，甚至丢掉性命。

从前，在蓝蓝的大海深处，矗立着一座神秘的宝山。无数色彩斑斓的珠宝钻石乱纷纷地堆在山上，每逢太阳一出，就在半空中映出许多纵横交织的彩色光环。

某年，一个出海的人偶尔经过宝山，从那里拿走一颗直径一寸的珍珠。他把这颗珠子小心地揣在怀里，然后兴高采烈地乘船返回。船驶出不到100里，忽然，晴朗的天空倏地阴暗下来，平静的海面掀起山丘似的波澜，这时只见一条狰狞可怖的蛟龙从海水深处破浪而出，在涛峰波谷之间翻腾飞舞。

富有航海经验的船老大大惊失色，急忙停住舵把，对身上揣着珍珠的人说："哎呀，不好！这是蛟龙想要你的珠子呢！快献给它吧，不然的话，别说你的性命难保，还得连累我！"揣着珍珠的人犹豫起来，把珍珠丢掉吧，实在舍不得；不丢掉吧，就要大难临头。思来想去，他还是决定保住珍珠。于是，他咬牙忍痛，用利刃剖开大腿的肌肉，把珍珠藏在里面。珍珠被肉紧紧裹住，光芒透不出来，蒙骗了蛟龙，蛟龙于是潜入海底，海面也随之平静下来。那人一瘸一拐地回到家，从大腿里取出宝珠。珠子完好无损，闪闪的光芒把屋子映照得五彩缤纷。正当全家人惊喜地赞赏宝珠的时候，那人却痛苦地合上了双眼——大腿的溃烂夺去了他的生命。

"得到了珠宝，却丢了性命，这是多么不值得啊。"相信这是大家都会发出的一声感叹。然而，在生活中，让我们对"珠宝"与"生命"进行权衡时，我们是否真的能做出理智的选择呢？

钱财终究是身外之物。"身外物，不奢恋"是思悟后的清醒，它不但是超越世俗的大智大勇，也是放眼未来的豁达襟怀。谁能做到这一点，谁就会活得轻松，过得自在。

财富也好，情感也罢，或是其他方面的索求，都应把握有度，适可而止。贪婪，乃失败之根本。有多少人由贪而变贫，由贪而伏法，由贪而寝食难安。

一位心理学家指出：最普遍的和最具破坏性的倾向之一就是集中精力于我们所想要的，而不是我们所拥有的。这对于我们拥有多少似乎没有什么不同；我们仅仅不断地扩充我们的欲望名单，这就导致了我们的不满足感。你的心理机制说："当这项欲望得到满足时，我就会快乐起来。"可是一旦欲望得到满足后，这种心理作用却不断重复。

幸运的是，有个可以快乐起来的方法，那就是改变我们思考的重心，从我们所想要的转而想到我们所拥有的。不是期望你的爱人是别人，而是试着去想她美好的品质；不是抱怨你的薪水，而是感激你拥有一份工作；不是期望你能去夏威夷度假，而是想到你居所附近亦有乐趣，这有多高兴。

与其总期待自己没有的，不如安守自己炉边温暖实在的日子，当傍晚天空飘起雪花，和家人朋友把盏小酌，这样的人生纵然平淡，却实在是神仙也要羡慕的日子。

富足其实很简单，那便是懂得满足已有

原文

金玉满堂，莫之能守。富贵而骄，自遗其咎。（《道德经·九章》）

意译

将黄金美玉堆满自己的厅堂，却无人能够长久地守住这些财富；若因为富有而骄横，通常会为自己带来意想不到的祸患。

人生智慧

老子说：“金玉满堂，莫之能守。富贵而骄，自遗其咎。”并没有人能够长久地守住这满厅堂的黄金美玉，如果再因富有而骄横，反而会让自己陷入祸患。老子的这段话为我们阐明了一个道理：要守住已有的财富，不可贪心，知足才是真正的富足。

孙子和祖父进林子里去捕野鸡。祖父教孙子用一种捕猎机：它像一只箱子，用木棍支起，木棍上系着的绳子一直接到他们隐蔽的灌木丛中。野鸡受撒下的玉米粒的诱惑，一路啄食，就会进入箱子，只要一拉绳子就大功告成了。

祖孙俩支好箱子藏起不久，就有一群野鸡飞来，共有九只。大概是饿久了的缘故，不一会儿就有六只野鸡走进了箱子。孙子正要拉绳子，可转念一想，那三只一会儿也会进去的，再等等吧。等了一会儿，那三只非但没进去，反而走出来三只。

孙子后悔了，对自己说，哪怕再有一只走进去就拉绳子。接着，又有两只走了出来。如果这时拉绳，还能套住一只。但孙子对失去的好运不甘心，心想着还会有野鸡要回去的，所以迟迟没有拉绳。

结果连最后那一只也走了出来。孙子一只野鸡也没有捕到。

其实，世事难定，人生究竟是黑白还是彩色，纯粹是一种习惯性的看法。我们一旦习惯看到人生的黑暗面，就会刻意去寻找黑暗的那一面，而忽略掉光明的一面，我们自然就会被消极的世界所包围。人生追求的东西总是层出不穷，当我们停下脚步，回头看时，会发现，若能守住我们已经拥有的东西，便已足够富有了。黄美廉博士用她的亲身经历为我们阐释了人生的富足。

黄美廉，自小就得了脑性麻痹。病魔夺去了她肢体的平衡，也夺走了她发声讲话的能力。从小她就活在肢体不便及众多异样的眼光中，她的成长充满了血泪。

然而，这位坚强的女孩没有让这些外在的痛苦击败她内在奋斗的精神，她昂然面对，迎向一切的不可能。经过努力，她终于获得了加州大学艺术博士学位，她用她的手当画笔，以色彩告诉人“寰宇之力与美”，并且灿烂地“活出生命的色彩”。

“请问黄博士。”在一次讲座上，一个学生问她，“请问你怎么看你自己？你都没有怨恨吗？”

“我怎么看自己？”美廉用粉笔在黑板上重重地写下这几个字。她写字时用力极猛，大有力透纸背的气势。写完这个问题，她停下笔来，歪着头，回头看着发问的同学，然后嫣然一笑，回过头来，在黑板上龙飞凤舞地写了起来：

我好可爱！

我的腿很长很美！

爸爸妈妈这么爱我！

上帝这么爱我！

我会画画！我会写稿！

我有只可爱的猫！

还有……

台下，所有的人都沉默了，面对众人的沉默，她在黑板上写下了她的结论：“我只看我所有的，不看我所没有的。”掌声响起。有一种永远也不会被击败的傲然，写在她的脸上。

的确，人生短暂几十年，赤条条来，又赤条条去，何必物欲太强，贪占身外之物？“身外物，不奢恋”是思悟后的清醒，它不但是超越世俗的大智大勇，也是放眼未来的豁达襟怀。谁能做到这一点，谁就会遇事想得开，放得下，活得轻松，过得自在。

其实人生是贫穷还是富有，是黑白还是彩色，都在于我们自己。如果能接受自己所有的缺憾，接收这份不完整的生命赐予，那么自然就能更快乐地活着。对于生命的苦难，我们不能把它当成是“谁”的错。一个人总去看他人的优越面，心中的怨恨就愈增。接受自己，接受现实，相信我已富有、已完美，生命将无憾。

不知足，人生灾祸的源头

原文

知足者富。（《道德经·三十三章》）

意译

懂得满足的人更加富有。

人生智慧

俗话说知足常乐，老子在《道德经》中说过“知足者富”。但是人们的欲望往往很大，欲壑难填是常有的事。在《论语·公冶长》中孔子曾经谈到过这个问题。“子曰：‘吾未见刚者。’或对曰：‘申枨。’子曰：‘枨也欲，焉得刚？’”

孔子在这里就是与人讨论这个问题。他认为一个真正刚强的人不是说脾气很大，也不是靠蛮勇之力，而是对人对事都没有什么欲求。

一个人做到除简单的人生欲求外，没有奢恋特别的欲求，自然就不会害怕别人的要挟，因为他没有任何需要别人来施舍的。这种气度就是人们所说的“弃天下如敝屣，薄帝王将相而不为”。

一天傍晚，两个非常要好的朋友在林中散步。这时，有个老者从林中走了出来，面色惶恐不安。两人见状，上前问道："这位老先生，你为什么如此惊慌，发生了什么事情？"

长者忐忑不安地说："我正在移栽一棵小树，却突然发现了一坛金子。"

这两人听后感到好笑，说："挖出金子来有什么好怕的，你真是太好笑了。"然后，他们就问："你是在哪里发现的，告诉我们吧，我们不怕。"

长者说："你们还是不要去了吧，那东西会吃人的。"

这两人哈哈大笑，异口同声地说："我们不怕，你告诉我们它在哪里吧。"

于是长者只好告诉他们金子的具体地点，两个人飞快地跑进树林，果然找到了那坛金子。好大一坛黄金！

一个人说："我们要是现在就把黄金运回去，不太安全，还是等到天黑以后再运吧。现在我留在这里看着，你先回去拿点饭菜，我们在这里吃过饭，等半夜的时候再把黄金运回去。"于是，另一个人就回去取饭菜了。

留下来的这个人心想："要是这些黄金都归我，该有多好！等他回来，我一棒子把他打死，这些黄金不就都归我了吗？"

回去的人也在想：我回去之后先吃饱饭，然后在他的饭里下些毒药。他一死，这些黄金不就都归我了吗？

没多久，回去的人提着饭菜来了，他刚到树林，就被另一个人用木棒打死了。然后，那个人拿起饭菜，吃了起来，没过多久，他的肚子就像火烧一样痛，这才知道自己中了毒。临死前，他想起了长者的话："长者的话真对啊，我当初就怎么不明白呢？"

两个本来要好的朋友，因为对于财富的“不知足”而反目成仇，最终的结局是互相残杀。人到死也离不开欲望。命运总是在满足一个人的欲望的同时，塞给他一个更难填的新的欲望。欲望过多，不加节制，便成了贪婪。财富可以帮助我们实现许多梦想，于是人们便期待着拥有更多的钱财，但由于人们的贪心，有时候财富反而成为我们心灵幸福的拦路虎。追求钱财的人往往会因钱财积累不多而忧愁，贪心者永不满足；追求地位的人常因职位不够高而暗自悲伤；迷恋权势的人，特别喜欢社会动荡，以求在动乱之中借机扩大自己的权势。而这些人，“想不开、看不破”的人，注定烦恼加身。

可见，“不知足”这只拦路虎，它美丽耀眼的毛发确实诱人，一旦骑上去，又无法使其停住脚步，最后必将摔下万丈深渊。

第九章

祸兮福之所倚，福兮祸之所伏

——福祸相依的智慧

看透福祸正反面，从骨子里让自己变得乐观起来

原文

祸兮，福之所倚；福兮，祸之所伏。（《道德经·五十八章》）

意译

灾祸啊，总是被幸福所依傍；幸福啊，其中也总是潜伏着灾祸。

人生智慧

这是老子在《道德经》中一段十分著名的论述："福兮，祸之所倚；祸兮，福之所伏。"福祸常在一念之间，这是一种辩证思想，即使是看起来很坏的事情，也会带来意想不到的好处。通晓这个道理的人自然明白，在平凡的人生中，须能以平常心对待福祸得失，才能让自己不在祸患中沉陷，也不在福惠中沉迷。为人一定要懂得看淡祸福得失，有时看似失利的事反而是获得更大利益的前提和资本。同样，一时得意也不可沾沾自喜不可遏止，须知福祸常常不过一念之间，好事可以变坏事，坏事也可能成为好事。而这正是道家思想中十分强调的做人智慧。

《庄子·人间世》中说道："故解之以牛之白颡者，与豚之亢鼻者，与人有痔病者，不可以适河。此皆巫祝以知之矣，所以为不祥也。此乃神人之所以为大祥也。"这是一段庄子式的滑稽幽默，却把人生之道看得十分透彻。庄子引用古代人的迷信来说明一般人认为不吉利的东西，但"神人"却认为这种"不吉利"反而有益无害。一匹头上有白毛的马没人敢骑，反而因此免去了一辈子的奴役；一头鼻子高高翘起的猪不会被杀掉作祭祀，才会好好地活到老。所以，世人认为不吉利的，在上天看来却是大吉大利。

确实，任何事情都有它的两面性，关键是看你如何从不利的一面当中看到有利的那一面。有一位国王和他的臣子，共同为我们解说了这条做人的道理。

从前有一个国王，除了打猎以外，最喜欢与宰相微服私访。宰相除了处理国务以外，就是陪着国王下乡巡视，他最常挂在嘴边的一句话就是"一切都是最好的安排"。

有一次，国王兴高采烈地到大草原打猎，他射伤了一只花豹。国王一时失去戒心，居然在随从尚未赶上时，就下马检视花豹。谁想到，花豹突然跳起来，将国王的小手指咬掉小半截。

回宫以后，国王越想越不痛快，就找了宰相来饮酒解愁。宰相知道了这事后，一边举酒敬国王，一边微笑着说："大王啊！少了一小块肉总比少了一条命来得好吧！想开一点，一切都是最好的安排！"

国王听了很是生气："你真是大胆！你真的认为一切都是

最好的安排吗？”

“是的，大王，一切都是最好的安排。”

国王说：“如果我把你关进监狱，难道这也是最好的安排？”

宰相微笑说：“如果是这样，我也深信这是最好的安排。”

国王大手一挥，两名侍卫就架着宰相走出去了。

过了一个月，国王养好伤，又找了一个近臣出游了。谁知路上碰到一群野蛮人，他们把国王抓住用来祭神。就在最后关键时刻，大祭司发现国王的左手小指头少了小半截，他忍痛下令说：“把这个废物赶走，另外再找一个！”因为祭神要用“完美”的祭品，大祭司就把陪伴国王一起出游的近臣抓来代替。脱困的国王欣喜若狂，飞奔回宫，立刻叫人将宰相释放了，在御花园设宴，为自己保住一命，也为宰相重获自由而庆祝。

国王向宰相敬酒说：“宰相，你说的真是一点也不错，如果不是被花豹咬一口，今天连命都没了。可我不明白，你被关监狱一个月，怎么也是最好的安排呢？”

宰相慢慢地说：“大王您想想看，如果我不是在监狱里，那么陪伴您微服私巡的人，不是我还会有谁呢？等到蛮人发现国王不适合拿来祭祀时，谁会被丢进大锅中烹煮呢？不是我还有谁呢？所以，我要为大王将我关进监狱而向您敬酒，您也救了我一命啊！”

宰相是一个明智的人，他能从事物的不利中看到有利的一面，并始终认为一切都是最好的安排，这无疑是一种积极的人生态度。

许多时候，正是因为有些人不能正确地看待自己的利与不利，没有正确认清自己的价值，没有好好地活在这个世界里，才会自己给自己找麻烦。人生中难免遭遇一些利害得失，学会辩证地看待事物的两面，就会少一些挫折感，人生也才能轻松愉快。

可见人生得失面前，往往充满着未知的变数，胜负未分，谁也不知道笑到最后的人究竟是谁。一时的得意，不必太张扬沾沾自喜，一时的失意落魄，自然也不必过于执着懊恼。这也是道家教给现代人的一条处世真理。有一失必有一得，人生福祸不过在人一念间，平凡的人生中，是福是祸皆以平常心对待，便是真逍遥。

悲哀与幸运，不过是心念的选择

原文

虽有荣观，燕处超然。（《道德经·二十六章》）

意译

虽然享受着华美的生活，却能够以一颗安然的心对待，达到超然物外的心境。

人生智慧

一大早，太阳还没有出来，一个渔夫来到河边，在岸上他感觉到有什么东西在脚底下，后来发现是一小袋石头。他捡起袋子，放在一旁，坐在岸边等待黎明，以便开始一天的工作，他懒洋洋地从袋子里拿出一块块石头丢进水里。实在没有其他的事可做，他继续把石头一一丢进水里。

慢慢地，太阳升起，大地重现光明，这时除了一块石头之外其他的石头都丢光了，最后一块石头在他的手里。

当他借着日光看到了他手中所拿的东西时，心跳几乎要停止了，那是一颗宝石！原来在黑暗中，他把整袋的宝石都丢光了！在不知不觉当中，他的损失有多少！他充满懊悔，咒骂着自己，伤心地哭得几乎要失去理智。

渔夫在无意间碰到的财富足够丰富他的生活好几倍，然而在不知不觉当中，又从他手中消失了。不过，就某方面来讲，他还是幸运的，至少还有一颗宝石留了下来，在他将那颗宝石丢掉之前，天已经亮了。所以一个乐观的人一定不会像渔夫那样心中懊恼，而是会庆幸自己还保留了一颗宝石。所以，悲哀还是幸运，完全在于人的心念如何选择。

“虽有荣观，燕处超然。”这是老子在《道德经》中的一句话，意思是“虽然享受着华美的生活，却能够以一颗安然的心对待，达到超然物外的心境”。尽管老子这段话本是说给统治者听的，但也为我们揭示了心念选择的重要性。即便身在尘俗乱世之中，但如果有一颗不落俗世的心，依然可以超然物外，这是对待生活的一种哲理心态。

生活中，我们也许并不会常常走运，周围一片漆黑，时间如白驹过隙，太阳尚未升起时我们已经两手空空了。生命是一个很大的宝库，生活的秘密、奥妙、快乐、解脱、慈悲和智能……都期待我们好好掌握和利用，如果没有好好利用，只是白白地将它浪费掉，等到我们知道生命的重要时，已经将时光消磨殆尽。人一辈子都忙忙碌碌做什么呢？做自己身体的奴隶，做物质的奴隶，做别人的奴隶，为儿女、亲戚、工作，终身都在服役。最后却是一无所得地离去。

假定人真做到了长生不死，有什么用处呢？就算活一万年，也不过多等了一万年才死。所以这个形体的生命，不是真道。长命百岁，终是年老力衰，活长了又有什么用？这是真正的大悲哀。一个关于鹿和马的寓言故事，颇为犀利地点出了这一悲哀。

鹿和马都被公认为是跑得最快的动物，只不过鹿在森林中，马在草原上，它们都对彼此有亲切感，但是关系仅限于偶尔碰面时打个招呼而已。既然双方都有成为朋友的心愿，何不进一步促进彼此的关系呢？于是，鹿就邀请马到家里来玩，马欣然同意了。

那是一个春日的午后，草原上吹着温馨的风，马踏入了森林。然而，刚进入森林的马很快就后悔了。这里是和草原完全不同的世界，起初还不觉得怎么样，可是越往森林里面走，树木就越高大，绿叶也越来越茂密。树林的枝叶重重叠叠地遮蔽了天空，草原上那习以为常的高挂天空的太阳，在这里完全看不见。怀着不安的马，陡然对住在这种地方的鹿害怕起来。它不得不承认，只有灵敏的鹿才适合这座密林。

后来，人类邀请马与他们合作，马看到了人类的智慧和无尽的财富，被吸引了。有一天，人说："其实你应该是世界上最快的，现在我们又能够提供给你丰盛的食物，如果你能够依照我们的方法去做，即使是在森林里，你也一定能够跑赢鹿。"不知道为什么，马竟然答应了。人类利用可以让马吃饱为条件，堂堂正正地骑到了它的背上，一起进入森林里追赶、猎捕鹿。一场阴谋开始了。

被追得走投无路的可怜的鹿在疑惑之中，满怀着悲伤，对马露出悲哀和疑惑的神情。可是，此时的马被鞭打的疼痛和缰绳操纵的窘迫弄得头脑麻木，它或许根本就没有多余的精力去察觉鹿的变化。从那次狩猎结束之后，人类便把马的缰绳紧紧抓在手中了，他们喂养马，并把它们绑在专门建造的马厩里。

人，有的可以永远做自己生活的主人，而有的却选择了做自己生活的奴隶。就像故事中的马一样，为了满足自己的虚荣，填满自己妒忌的心，却永远地丢弃了自由的权利。你选择了什么样的人生道路，决定了你享有什么样的人生。无论你要选择什么、放弃什么，都要弄清楚这样做值不值得。

世事本是无常，又何必强求把握

原文

故飘风不终朝，骤雨不终日。孰为此者？天地。天地尚不能久，而况人乎？（《道德经·二十三章》）

意译

就像狂风肆虐但不会持续整个早上的时间，暴雨倾盆但不会持续一整天的时间一样。是谁造成这种现象的呢？应当是天地。天与地都不能做到长盛不衰，更何况是普通的人呢？

人生智慧

老子由“飘风不终朝，骤雨不终日，孰为此者，天地！天地尚不能久，而况于人乎”开始，把自然现象的因果规律，用比喻来反复说明，一切都在无常变化中。飙风刮不了一个早晨，暴雨下不了一整天，是谁主宰这一切呢？是天地。天地都不能长久，更何况人呢！世间万象，分秒在变，无法把握，亦无须把握，人们应该用生命本有的道来以不变应万变。

看看呱呱坠地的婴儿，生下来都是两手紧握，成为两只小小的拳头，仿佛想要抓住些什么；看看垂死的老人，临终前都是两手摊开，撒手而去。这是上天对人的启示，当他双手空空来到人世的时候，偏让他紧攥着手；当他双手满满离开人世的时候，偏让他撒开手。这就告诉我们，无论穷汉富翁，无论高官百姓，无论名流常人，你都无法带走任何东西。上天总让人两手空空来到人世，又两手空空离去。既然如此，又何必偏执于某一点、某一事、某一物呢？

一个老和尚，他很喜欢养兰花，每天侍弄，小心翼翼。有一天，他出门云游，兰花便交给寺中的小和尚照看。小和尚自然知道这些兰花是师父的心头爱，于是也每天小心翼翼，生怕出了错。可是世间事就是这样，越怕出错越出了错，他一个不小心把师父最爱的那盆兰花打碎了。这可吓坏了小和尚，师父回来该如何交代呢？心中的惧怕让他日夜难安，终于等到师父回来了，小和尚做好了挨骂受罚的准备。可是师父看了看兰花，却并没有表现出什么异样，甚至都没有问他为什么少了心爱的一盆。小和尚忍不住战战兢兢地找师父认错，可师父笑着说，我养兰花，是因为喜爱，且可以怡情舒心，若是为少了这么一盆而大发雷霆，暴跳如雷，那还叫什么怡情舒心？更何况这世间事物本就有生有死，又何必太过在意呢？

无论多心爱的东西，无论怎样细心呵护，无论怎样小心翼翼，都有可能损坏、破碎、遗失，即便一直保存着，恐怕也会发黄、生锈、破旧不堪，物品如此，人生亦是如此，想要紧紧抓住、牢牢把握，是绝对不可能的。但是，即便如此，人也不能忘记生命的意义。

一棵苹果树，终于结果了。第一年，它结了10个苹果，9

个被拿走，自己得到1个。对此，苹果树愤愤不平，于是自断经脉，拒绝成长。第二年，它结了5个苹果，4个被拿走，自己得到1个。“哈哈，去年我得到了10%，今年得到20%！翻了一番。”这棵苹果树心理平衡了。但是，它还可以这样：继续成长。譬如，第二年，它结了100个果子，被拿走90个，自己得到10个。很可能，它被拿走99个，自己得到1个。但没关系，它还可以继续成长，第三年结1000个果子……人们很多时候，都像这棵自作聪明的苹果树，舍本逐末，忘记了自己究竟要什么。

其实，得到多少果子不是最重要的。最重要的是，苹果树在成长！等苹果树长成参天大树的时候，那些曾阻碍它成长的力量都会微弱到可以忽略。真的，不要太在乎果子，成长是最重要的。我们太过于在乎一时的得失，而忘记了成长的重要。

人应该把自己的生命想象成一个沙漏，在沙漏的上半部，有成千上万的沙子。它们在流过中间那条细缝时，都是平均而且缓慢的，除了弄坏它，任何人都没办法让很多沙粒同时通过那条窄缝。这就如同人生的不可掌握，但是即使每天都有一大堆的烦心事等着我们去做，我们也必须耐心地解决，否则沙子就会堆积在我们心中。

要拥有危机意识才能不断地进步发展

原文

为之于未有，治之于未乱。（《道德经·六十四章》）

意译

矛盾最好在它还没有出现时就处理妥当，混乱也要在它还没有发生时就治理清楚。

人生智慧

很多人认为，受老子思想的影响，中国文化中没有世界末日的概念，因此就缺乏西方文化中的末日危机感。连中国的日历也是没有终结的结构，每60年循环一次。

作为一个仁爱、超脱之人，老子当然没有想到世界末日这么一说，但是，他一样具有危机精神。老子认为，防微杜渐，将危机消灭于萌芽状态，才不会酿成大的祸患。

当然，现实生活中的确有不少人是缺乏危机意识的，老子认为，危机的产生有一个从“萌发期”到“爆发期”的变化过程。也就是说，危机的发生都有预兆性的信号，正所谓“冰冻三尺，非一日之寒”，如果人们具备敏锐的洞察力，能根据日常收集到的信息，对可能面临的危机进行预测，及时做好预警工作，并采取有效的防范措施，完全可以避免危机的发生或使危机造成的损害和影响减少到最低限度。

这一点，海尔总裁张瑞敏认识得非常深刻，据说，他就是受了《道德经》的启发。

全球领先的品牌价值评估机构——世界品牌实验室于2005年发布的“世界品牌500强”排行榜中，可口可乐蝉联第一，微软取代麦当劳排名第二，Google取代诺基亚排名第三。中国海尔入选，排名第89位。这是中国人的自豪，民族的骄傲。但在众多光环笼罩下，海尔没有骄傲，“如履薄冰，战战兢兢”是海尔危机意识的真情表露。

无论是个人还是企业，要想不断地稳步进步和发展，就必须树立这样一种意识：危机迟早都会来的，危机意识是进步的原动力。张瑞敏曾经把当代最优秀的CEO、GE公司前掌门人杰克·韦尔奇称作市场经济下的奇人。韦尔奇管理的一大特点是，不断在企业内部进行革命。他奉行一种“在必须变革之前作出变革”的哲学，甚至在大获成功之后，他还说：“对于我们的企业现在处于什么地位，我全然没有把握。”张瑞敏提出的海尔危机理念与GE的思想如出一辙。

为了唤醒员工的危机意识，张瑞敏给大家讲述了意大利梅洛尼公司的故事。20年前，美国GE公司把意大利梅洛尼公司的负责人梅洛尼先生叫过去说，我们决定收购你的公司，你回去准备一下。梅洛尼先生很生气地答道，我没有决定卖掉我的公司。美国人撂下一句话：那你回去就等着瞧吧！

20年后，梅洛尼公司还存在，品牌还是自己的，并且家电产品已在欧洲占有相当大的份额，梅洛尼老先生说："这20年来，我就是拼命地跑，不敢喘气，只有这样，我的公司才避免了被别的大公司吞并。"

这是梅洛尼先生在博览会上亲自讲给张瑞敏的故事。这样的故事在海尔员工圈内很快成为议论的话题。

张瑞敏在多种场合表示，尽管海尔仍能以很快的速度发展，但极限随时都会出现，这与公司大小无关。当一个企业感到疲倦，不能创新，不能战胜自我的时候，极限随时都有可能到来。海尔一旦决策失误，也许就会像泰坦尼克号，顷刻沉没。为防止这一点，必须使经常性的企业重组成为组织生活的一种方式。

打破平衡，展开竞争，螺旋上升——这是张瑞敏提出的海尔集团内部运行机制的总思路。他认为，平衡是相对的，不平衡才是绝对的，事物都是在不断打破旧的平衡、走向新的平衡的运动过程中得以保持活力和发展的。其实，打破平衡的做法，正是海尔稳步发展的奥秘。

海尔不断推进管理创新，其管理成熟度和规范化已达到国内一流水平，不亚于大型跨国公司。

作为年轻人的我们，应该有着危机意识，只有这样才能认识到自己的不足，才能促使我们不断前进，迈着坚定的步伐，义无反顾地努力，最终达到成功的彼岸。

懂得适时放弃，得失无碍

原文

名与身孰亲？身与货孰多？得与亡孰病？（《道德经·四十四章》）

意译

名声和身体哪一个更亲近一些？生命与财富哪一个更应该看重？得到与失去哪一个对自己更有害处？

人生智慧

老子在《道德经》中提出了一个疑问："名与身孰亲？身与货孰多？得与亡孰病？"名声和身体哪一个更亲近一些？生命与财富哪一个更应该看重？得到与失去哪一个对自己更有害处？名声与身体、生命与财富，对人的一生来说，似乎都那么重要，都是人倾尽所有精力想要追求、想要得到的，那么面对两难选择时，该要如何取舍呢？我们该要放弃什么呢？

我们都知道，生活并非总是天遂人愿，很多时候我们必须要去选择放弃一些东西，而懂得放弃是一种智慧，可我们的心却像钟摆一样在得失间摇摆。汉代司马相如所著《谏猎书》有云："明者远见于未萌，而智者避危于无形。"

得失都是一样，有得就有失。得就是失，失就是得，所以一个人到最高的境界，应该是无得无失。但是人们非常可怜，都是患得患失，未得患得，既得患失。我们的心，就像钟摆一样，得失、得失，就这样摆，非常痛苦。塞翁失马，你怎晓得是福还是祸呢？所以，我总觉得在得失之间，不要把它看得太重。

中国有句古语说："苦海无边，回头是岸。"偏偏有人就执迷不悟，因此，烦恼都是自寻的。

人生有些错误是无法挽回的，有时，需要你付出代价，这个代价就是放弃。外在的放弃让你接受教训，心里的放弃让你得到解脱。生活中的垃圾既然可以不皱一下眉头就轻易丢掉，情感上的垃圾也无须抱住不放。

超然忘我，该放下的要放下，不苦苦执着于自己的失与得、喜与悲，便不会活得那么"屈服"了。有人说，人的一生之中只有三件事，一件是"自己的事"，一件是"别人的事"，一件是"老天爷的事"。

今天做什么，今天吃什么，开不开心，要不要助人，皆由自己决定；别人有了难题，他人故意刁难，对你的好心施以恶言，别人主导的事与自己无干；天气如何，狂风暴雨，山石崩塌，人能力所不能及的事，只能是"谋事在人，成事在天"，过于烦恼，也是于事无补。人活得"屈服"，离道越来越远，只是因为，人总是忘了自己的事，爱管别人的事，担心老天的事。所以要轻松自在很简单：打理好"自己的事"，不去管"别人的事"，不操心"老天爷的事"。

有一个人曾经和女友做了一个小测验，说如果同时丢了三样东西：钱包、钥匙、电话本，最不能割舍哪一样。女友毫不犹豫地选择了电话本，而他毫不犹豫地选择了钥匙。答案说，女友是一个怀旧的人，他是一个现实的人。

后来他们分手了，女友的确总被过去纠缠得不快乐，一段大学时代未果的爱情至今还让她念念不忘，而爱情中的他早已为人夫，为人父。女友的心停在了过去，一直后悔当初没有坚持到底，因此，又错过了很多不错的人。他问她："还可以挽回吗？"她摇摇头。他说："那为什么不放弃？"她无奈地说："放弃不了。"

他说："其实是你不想放弃。"

我们就是这样，在放弃与固守之间徘徊不已，结果把自己陷入烦恼痛苦之中。所以说做人不要总想着挽回，有时人生需要我们适时放弃。

放弃需要明智，该得时你便得之，该失时你要大胆地让它失去。有时你以为得到了某些时，可能失去了很多；有时你以为失去了不少，却有可能获得许多。不以得喜，不以失悲。尽自己最大的努力去做，任它花开花落，云卷云舒。

所谓不贪求，奥妙其实就在这里。许多东西，关注它本身太久了就会难以舍弃，遗祸就越为明显，一旦我们想通了，其实它并没有那么重要。正是"心不挂怀，才是最高境界"。懂得在盈余时放手，在充足时放弃，需要勇气，也需要智慧。毕竟舍弃而求一得，于凡人讲，太多人参不透了。

学会保持冷静镇定，按住心兵

原文

知和曰常，知常曰明。（《道德经·五十五章》）

意译

懂得和谐的作用，处事就会持久；懂得遵循自然规律，就是明智的。

人生智慧

世俗生活中，每个人都难免会有遭遇险恶与危难的时候，如果无法躲避，唯有镇定以待，切不可让自己乱了阵脚，那可是做人处世的大忌。

老子说："知和曰常，知常曰明。"其中便也蕴含着这个道理，如果不知"常"而妄动，就会遇乱则乱，对于事情本身也没有帮助。尤其是在面临危难时每个人的心中都会有理性和情绪上的斗争，自己随时随地在和自己争讼。

这种"心、意、识"自讼的状态就好比是"心兵"。普通人心中随时都在打内战，如果妄念不生，止水澄波，心兵永息，自然天下太平。而人们在应对危急事件时所表现出来的性格气质，在心理学上被称为逆商。逆商与智商、情商一样，共同影响着人们的行为思想，甚至在很大程度上左右着我们一生的成就大小。

心兵慌乱之时需要“快刀斩乱麻”，就像最终成为亚细亚王的亚历山大在面对戈迪亚斯的神秘绳结时一样，一剑落下，绳结自开。如果在纷扰之中心兵慌乱，乱作一团，最终只会溃不成军。然而，许多人在面对纷繁复杂的问题时，通常会兵荒马乱，自乱阵脚。

其实，沮丧的面容、苦闷的表情、恐惧的思想和焦虑的态度，都是人缺乏自制力的表现，是他不能控制环境的表现。这些危难面前的人们的心理反应，无疑都是我们的敌人，所以，在面临险境或者危难与厄挫之时，我们要试着将它们抛到九霄云外。

有一个富翁，在一次大生意中亏光了所有的钱，并且欠下了债，他卖掉房子、汽车，还清债务。

此刻，他孤独一人，无儿无女，穷困潦倒，唯有一只心爱的猎狗和一本书与他相依为命。在一个大雪纷飞的夜晚，他来到一座荒僻的村庄，找到一个避风的茅棚。他看到里面有一盏油灯，于是用身上仅存的一根火柴点燃了油灯，拿出书来准备读书。但是一阵风忽然把灯吹熄了，四周立刻漆黑一片。这位孤独的老人陷入黑暗之中，对人生感到痛彻的绝望，他甚至想到了结束自己的生命。但是，立在身边的猎狗给了他一丝慰藉，他无奈地叹了一口气沉沉睡去。

第二天醒来，他忽然发现心爱的猎狗也被人杀死在门外。抚摸着这只相依为命的猎狗，他突然决定要结束自己的生命，世间再没有什么值得留恋的了。于是，他最后扫视了一眼周围的一切。这时，他发现整个村庄都沉寂在一片可怕的寂静之中。他不由疾步向前，啊，太可怕了，尸体，到处是尸体，一片狼藉。显然，这个村昨夜遭到了匪徒的洗劫，整个村庄一个活口也没留下来。

看到这可怕的场面，老人不由心念急转，啊！我是这里唯一幸存的人，我一定要坚强地活下去。此时，一轮红日冉冉升起，照得四周一片光亮，老人欣慰地想，只有我幸存，我没有理由不珍惜自己。虽然我失去了心爱的猎狗，但是，我得到了生命，这才是人生最宝贵的。

故事中的老人，在遭逢失意与大难的情况下，重新寻回了希望，赶走了绝望。这不得不为他人生中的又一大转折。联想到我们的日常生活，一旦遇到此类事情时，我们也要学会冷静应变，调整自己的心态。

中国古代的一位君王，在接见新来的臣子时，总是故意叫他们在外面等待，迟迟不予理睬，再偷偷看这些人的表现，并对那些悠然自得、毫无焦躁之容的臣子委以重任。

一个人的胸怀、气度、风范可以从细微之处表现出来。或许，那位君王之所以对那些新臣另眼相看，便是从他们细微的动作情态中看到了那份处变不惊、遇事不乱的从容。

在危难面前，按住心兵，保持一份镇定，就能让我们在车马喧嚣之中多一分理性，在名利劳形之中多一分清醒，在奔波挣扎中多一分尊严，在困顿坎坷中多一分主动。世俗多艰险危难，所以需要锻炼自己处世泰然的气度，关键时候保持冷静，切莫妄动，这是一种风度，更是一种智慧。

不惧怕逆境，你才有可能反败为胜

原文

其无正也。正复为奇，善复为妖。（《道德经·五十八章》）

意译

福与祸没有确定的标准。正常的情况可以再变得反常，善良也可以变成邪恶。

人生智慧

老子认为事物都是向着对立面转化的，所以他说福与祸没有确定的标准。正常的情况可以再变得反常，善良也可以变成邪恶。

人生的光荣，不在于永不失败，而在于越战越勇；有智能的人往往能从失败的经验中获得成功，所以失败常常是人生的一种宝贵经验。

自古以来，反败为胜的例子举不胜举！最古的黄帝集合群众，打败凶猛不可一世的蚩尤；春秋战国时代勾践忍受屈辱，终于打败强大的吴国，报仇雪恨。谢安、谢玄叔侄眼看晋朝大势已去，但是淝水一战，反败为胜，又能稳住南朝的江山。

在商场上，化不利为有利的成功案例也有很多。

就拿温州人来说吧，温州人的聪明是人人皆知的事情，但温州人的忍耐性却很少有人知道。从地理位置上看，温州一面临海，三面环山，且多为高山深壑，行路难不亚于蜀道之难。对此，孟浩然曾用诗这样描述："我行穷水国，君使入京华。相去日千里，孤帆天一涯。卧闻海潮至，起视江月斜。借问同舟客，何时到永嘉。"直至1989年，沿海14个城市中，也只有温州既不通铁路，也没有机场。由于自然条件先天不足，又地处海防前哨，长期以来，国家除了从战略角度考虑，在温州修筑必要的军事设施外，经济建设投资很少很少。

但温州人忍受了很多非议与磨难，不但没有因为外在的压力而停止自己赚钱的步伐，反而积极开拓，自强不息，创造出了一个又一个的经济奇迹。

沈阳中旭集团董事长曾昌飚是中国商界不折不扣的名人。像许多闯世界的温州人一样，十几年前，曾昌飚是揣着东拼西凑的30万元开始闯关外的。"温州人不恋家，只要有商机，就有勇气走出去。走出去，前面就是天。"曾昌飚这样解释温州人满天飞的现象。

温州的桥头镇是全国有名的纽扣市场，曾昌飚父亲家里的8个兄弟姐妹，就有7个经商。也许是耳濡目染，七八岁时，曾昌飚就边读书边开始做纽扣生意。1992年，他听说一个在沈阳经营服装里衬布的叔叔每年亏本，就揣着借来的钱买下了那个经营部，告别新婚的妻子，一头闯进了沈阳。

刚到沈阳，曾昌飚一没关系，二没有客户，这样的状况很少有人能忍受得了，可是既来之则安之，他一家家地跑。有一件事令同行们至今念念不忘：当时有两家同行垄断了当时的一种紧俏面料，他就以零售价把货全买下来，再以同样的价格批给零售商。

曾昌飚虽然没有赚到钱，但是他的人格魅力征服了自己的同行，从此打开了销售渠道。第一年下来，他做了1000万的营业额。第二年，他把在沈阳的温州商人集中起来，牵头搞了温州商品一条街，生意做活了，规模效应也出来了，就这样，曾昌飚一步步在东北闯下了自己的天下。

曾昌飚的故事让我们回想起一位富翁的忠告，在被问起自己的发家史时，这位富翁给别人的经验之谈竟然也是忍耐，他说："赚钱就要以忍耐为重。即使身处逆境或贫困深渊，也要相信明天一定能成功而坚韧不拔。例如，当生意失败、公司破产，你遭受极为惨重的损失，甚至想要跳楼时，你也必须忍耐，不可放弃斗志。如果工作得不到预期的成果，也要把痛苦当作经验而忍耐下来，相信总有一天能够成功。"

一时的失意挫折，只要自己的信心不被打倒，任何人都可以反败为胜，"失败为成功之母"，还是严格恪守这句话吧，此言虽然老套，但绝对可信！

万物皆在变，思维更要“变”

原文

道生一，一生二，二生三，三生万物。（《道德经·四十二章》）

意译

整个“道”可以姑且看作“一”，“道”产生天地阴阳，二者互相交融又产生和谐之气，最后阳气、阴气、和气三者互相作用产生了万物。

人生智慧

老子是朴素的辩证唯物主义者，他认为世间万物并非由“神力”所创，而是由“道”所衍生，而道之所以能生万物，是因产生天地阴阳，二者互相交融又产生和谐之气，最后阳气、阴气、和气三者互相作用产生了万物。而这一系列连锁反应皆是因为其不断在变化。

随着科学的进步和发展，我们也确实论证了老子的说法，这个世界无时无刻不在变化着。《庄子·齐物论》中说：“今之隐机者，非昔之隐机者也。”意思是说：你今天靠在茶几上休息的这个状况，跟从前的情形完全两样。

当我们第一秒坐在这椅子上，第二秒已不是第一秒钟了，第三秒更不是第二秒了，每一分每一秒宇宙万物都在变化。这就是孔子告诉颜回的一句话：“交彼臂过。”两个人走路，你过来我过去，两人对面走在一起，两个肩膀刚刚在同一条横线同一个位置上时，两个肩膀这么一碰，一刹那，已经过去了，你往这边走，我往那边去了。任何时间，任何地区，一切的事情，每一刹那之间都在变化，不会永恒存在的。两个手臂一碰，拉一下手，等再拉一次的时候，已经不是原来的了，中间已经有很多变化了。当我们刚刚靠着一坐的时候，当下就过去了，等于佛法的一句话：“刹那无常。”“刹那”是梵音，一弹指就是六十个“刹那”。所以这里尽管是颜成子游在问，但庄子已经点题了：“今之隐机者，非昔之隐机者也。”

《三国演义》里有一个有趣的故事。

吴国的大将吕蒙，十几岁就从军打仗，由于英勇善战，屡建战功，三十多岁就升为中郎将。但他不好读书，常常闹出“张冠李戴”式的笑话。每逢给孙权上书，只能口述，让别人代笔。这样，有时难免词不达意，弄得孙权哭笑不得。所以，吴主孙权劝吕蒙抓紧时间读书，并用自己和别人的体会予以开导，批评他不应强调军务繁忙而不求进步。

吕蒙接受了孙权的教诲，开始发愤读书，而且进步很快。

后来，吴国军事统帅周瑜病死，鲁肃为吴国都督。鲁肃最初瞧不起吕蒙，认为他只是一介武夫。有一次，鲁肃路过吕蒙驻防的地方，看望吕蒙，故意为难他，提出了许多战略上的问题。他原以为吕蒙一问三不知。但出乎意料的是，吕蒙有问必答，且对答如流，特别是如何对付蜀国大将关羽，吕蒙讲了五条应敌之策，讲得很有见地，令鲁肃折服。

鲁肃大为惊喜，拍着吕蒙的肩膀说："我原来认为你只有武略，是个粗莽武夫，今天同你谈话，才知道你是一个有学问、有见识的人，你已经不是当年的吴下阿蒙了！"

吕蒙回答说："士别三日，即应刮目相看。"

一切事物（包括人在内）都是不断地变化和发展的，我们也必须用变化发展的观点来看待一切事物，不仅要看到事物的现状，而且要看到事物的过去和将来，要使自己的思想适应变化的情况。

我们在生活中如果也能做到随机应变、顺势而动，无疑会对我们适应生活、适应现实变化有很大的帮助。

在变化的时代，应当紧跟时代节拍，以变应变，寻找出路，不然你会处于被动地位。要成大事者必须能顺应时势，善于变化，及时调整自己的行动方案，而不因袭守旧，这是成大事者适应现实的一种方法。

因此，我们在日常生活中要吸取类似的教训：不要因为取得一点成绩就沾沾自喜、停步不前，须知这样下去，会由进步变为落后；也不要因为遇到挫折和失败就灰心丧气，悲观绝望，须知失败乃成功之母，只要吸取教训，挫折会变顺利，失败会变成功。认识了事物变化发展的本质，用变化和发展的眼光看待一切事物，才不会偏离生活的轨道。

第十章

死者天地之理，物之自然

——出生入死的智慧

要想释然地活，先学会不惧怕死亡

原文

民不畏死，奈何以死惧之？（《道德经·七十四章》）

意译

百姓不畏惧生死，那么用生死来恐吓百姓又有什么用呢？

人生智慧

生死是最根本的大问题，所以哲学家常常会思索死亡的问题。所谓“千古艰难唯一死”，如果这一点能够看透的话，人生还会有什么困难呢？老子说：“如果老百姓不怕死亡，那么你就算用死亡来吓唬他也没有用。”

其实，对死亡的恐惧，来自于对死亡的无知。恐惧心理有一个很明显的特点：对于那些神秘和恐惧的事物，对它们越不了解，恐惧感就会越强。人类对于死亡的恐惧就是如此。

西方哲学家蓝姆·达斯曾讲了一个真实的故事。

一个因病而仅剩下数周生命的妇人，一直将所有的精力都用来思考和谈论死亡有多恐怖。

以安慰垂死之人著称的蓝姆·达斯当时便直截了当地对她说：“你是不是可以不要花那么多时间去想死，而把这些时间用来活呢？”

他刚对她这么说时，那妇人觉得非常不快。但当她看到蓝姆·达斯眼中的真诚时，便慢慢地领悟到他话中的诚意。

“说得对！”她说，“我一直忙着考虑死亡，完全忘了该怎么活了。”

一个星期之后，那妇人还是过世了。她在死前充满感激地对蓝姆·达斯说：“过去一个星期，我活得要比前一阵子丰富多了。”

不要被死亡遮住生的视线，你就能体验到生命的快乐。妇人不再把死放在心上，她就收获了人生中最丰富的一周的生命。

人总是习惯性地把死亡想象成失去、虚无、黑暗、痛苦，所以，在人的心里，死亡成了绝望的代名词，我们自以为是地被自己的想象所欺骗，因而生出了种种恐惧，又让这种恐惧占据了内心，影响了活着的心情。

但这种想象是没有依据的，为没有依据的事情恐惧、痛苦，很不值得。

其实，死亡并不可怕。古希腊的快乐主义大师伊壁鸠鲁认为：“一切善恶凶吉都在人的感觉之中，而死亡不过是感觉的丧失。所以，死亡事实上与我们的感觉无关，因而无须恐惧死亡，因为，在人活着的时候，死亡还没有真正到来，而一旦死亡降临时，我们又感觉不到死亡了。”

可怕的只是我们对死亡的想象。

如果一个人总是将目光局限于“死”字上，还怎么能够好好地生活呢？人生七十古来稀，生命在世不过百年，很多人甚至七十岁以前就离开人世了。如果一个人总是将眼光执着于“死”字上，就会陷入悲观、空虚的绝境中不能自拔。

同为道家的庄子对人生的短暂有着深刻的认识，他说：“人生于天地之间，就像骏马穿过一个狭窄的通道，瞬间而过罢了。自然而然地，全都蓬勃而生；自然而然地，全都顺应变化而死。业已变化而生长于世间，又会变化而死离人世，活着的东西为之哀叹，人们为之悲悯。”但是面对终将到来的死亡，庄子并不是陷入悲观绝望，而是达观地看待这一切，他说：“可是人的死亡，也只是解脱了自然的捆束，毁坏了自然的拘括，纷纷扰扰地，魂魄必将消逝，于是身形也将随之而去，这就是最终归向宗本啊！”既然死亡只是为了回归本源，还有什么好悲哀的呢？庄子的意思是，既然你思考这个问题得不到解决，那就换一种角度去面对吧。

生命是宝贵的、短暂的，重生乐生，在有限的生命岁月，创造更多更高的人生价值，使生命更有意义，不枉来世上走一趟。世间的事情永远不可能是十全十美的，也许正因为这样，才会有人穷其一生都在追求完美的东西。歌德有句名言：生活在理想的世界，就是要把不能的东西当作仿佛是可能的东西来处理。别总是面对死亡而悲观，是的，既然活着，就应该好好歌唱，活着就应该笑。因为只有笑，才是苦难最好的归宿。“笑对生活”就是乐生重生，顺其自然，追求高，看得透，想得开，活得既有意思、有价值，又比较轻松。

不要总把死亡放在心上，这样就能轻松一点、自在一点。享受明月清风，坐看水流云动，享受生命的大自在，何乐而不为？

长生的秘诀：身体与心灵的归一

原文

载营魄抱一，能无离乎？专气致柔，能如婴儿乎？（《道德经·十章》）

意译

身体与灵魂合二而为一，就能够守住大道而不脱离吗？聚集凝结精气，追求柔和温顺的形态，就能够像婴儿一样吗？

人生智慧

《史记》中记载，有人说，老子活了一百多岁，有人说老子活了二百多岁，虽然说法不一，但可以肯定的是老子的摄生养生之道的确有独到之处。

老子为我们讲述了一个长生的秘诀即营魄合一。老子在“营魄抱一”之上，加了一个“载”字，用字巧妙而形象。人的身体如一部车乘，其中装载了“营”和“魄”两样重要东西，它们各自为政，又随时合作。人们长年累月、随时随地都在使用这两样东西。

然而，思想的纷繁、情感的嚣动，常使自己魂灵营营困扰，常在放射消散之中，散乱不堪。体能的劳动、生活的奔忙，常使精魄涣散，不可收拾。老子说，倘使人能将生命秉受中的营魄合抱为一，永不分离，便可得长生的希望了。因此说："载营魄抱一，能无离乎！"

真正的幸福不是周围的环境所给予的，而是顺应自己的本性，靠自己去创造的。即使自己的处境不顺心，也要试着心存感激地接受。顺应了自我的本性，你就是幸福的，如果你还一味地追求什么幸福的标准，你就会偏离幸福的轨道越来越远。

营魄合一是让你不为情感、生活的杂乱所侵扰；是要你保持一颗平常心，不要患得患失，一切顺其自然，终能持盈保泰。世上本无事，庸人自扰之，将心灵的琴弦调控适宜，才能弹奏出悦耳动听的音乐。人的心灵好比一张弓，如果上好了弦，一直绷得紧紧的，长时间这样放着，弓背和弓弦的效用就差了，力道也减弱了，根本就射不了多远。现实生活中，一个人要是始终神经紧绷，处于紧张状态，就会导致身心疲惫、精神涣散。

有一个学僧到法堂请示禅师道："禅师！我常常打坐，时时念经、早起早睡、心无杂念，自忖在您座下没有一个人比我更用功了，为什么就是无法开悟？"禅师拿了一个葫芦、一把粗盐，交给学僧说道："你去将葫芦装满水，再把盐倒进去，使它立刻溶化，你就会开悟了！"学僧遵示照办，过不多久，跑回来说道："葫芦口太小，我把盐块装进去，它不化；伸进筷子，又搅不动，我还是无法开悟。"禅师拿起葫芦倒掉了一些水，只摇几下，盐块就溶化了，禅师慈祥地说道："一天到晚用功，不留一些平常心，就如同装满水的葫芦，摇不动，搅不得，如何化盐，又如何开悟？”学僧又问：“如此说来，修道还需要用功吗？”禅师答：“需要。”“如何用功呢？”禅师说：“饿了就吃饭，困了就睡觉。”学僧不解，便问道：“天下所有的人都是一样的，是不是也都与您一样在用功修道？”禅师答：“不同。”学僧问：“有何不同？”禅师语重心长地说：“有人吃饭时，不肯吃饭，很多要求；睡觉时，不肯睡觉，胡思乱想。”

吃饭、睡觉，看似非常简单的事情，但究竟能有多少人能快乐地把饭吃完，安稳地把觉睡饱呢？营魄合一便是生活的艺术，在最稀松平常的事情上下工夫，让自己的生活充满祥和与快乐，便是幸福长生诀。

一位官场失利、妻离子散之人心绪烦乱，烦恼、嫉妒、浮躁、忧虑整日困扰于心，不得安宁，于是去拜见德高望重的无生禅师，请求开解。禅房里，面对慈祥、超然的禅师，他一股脑儿地道出了自己的困惑和烦恼。禅师笑笑，伸出右手，握成拳头，握得越来越紧，让来人照做。“感觉如何？”禅师问。来人茫然不觉。“把手伸开。”禅师拿出一枚野果和一片琉璃碎片放在这人手中，说道：“握紧。”这人将野果和碎片握在手心。“握紧一些，再紧一些。”“不行了，禅师，我的手都快要被割破了。”此时，禅师突然喝道：“那你还不赶快把拳头松开！”

这人吓了一跳，舒开手掌，看着手掌有些微红的硌痕，碎片已经扎到野果里了。禅师望着他，说：“现在，把碎片取出来，丢掉吧。”此人顿时豁然开朗，有如醍醐灌顶：“这野果就好比我的事业和生活，而这碎片就是生活中困扰着我的嫉妒、浮躁、忧虑……”

禅师笑了笑，说：“看来施主已经有所了悟。生活中的事就好像这枚果实和琉璃碎片。如果你什么都不取。空握拳头，即便使再大的力气，也是一无所获，这叫徒劳无功。果实好比生活中一切美好的事物，而碎片就是困扰你心的无尽烦恼，要记得及时将果实中的碎片取出来丢掉，不然就会心浮气躁、精魄散乱。”

每个人都应该如此，破除思想的纷繁，阻止情感的嚣动，不让自己的心灵在散乱中一发不可收拾，劳生一世，苦痛奔忙在所难免，心灵的安宁才是幸福的归宿。

生死本为规律，何必多费心机

原文

出生入死。生之徒，十有三；死之徒，十有三；人之生，动之于死地，亦十有三。夫何故？以其生生之厚。（《道德经·五十章》）

意译

一个人由出世而生，最后入土而死。世间活着并长寿的人，大约占十分之三；走向死亡之地短命的人，大约占十分之三；人活着，却在死亡之地行动的人，也占十分之三。这是为什么呢？就是因为这些人过于想要追求长生而养护自己的生命，最终追求过分奢侈的物质享受，从而糟践并缩短了自己本该更长久的生命。

人生智慧

生死是人在这个世界上要面对的首要大事，谈论生死、解析生死是任何一位思想家都逃脱不了的一个问题。老子认为，死亡分为两种，一种是因为想要养护生命而营养过剩导致生命缩短，另一种是进入凶险的死地导致伤亡。这两种都代表了世人为了养护生命而去争夺，而“道”的思想是不争和清静无为，不争则不会过盛，无为则远离死地，以此养护生命才是顺应自然的正确方法。

万物有生也有死，这是生命的自然规律。对生和死的态度，形成了每个人的生死观，生死观是一个人世界观的重要内容。有什么样的人生观，就有什么样的处世哲学、生活态度。

人的生和死是不可避免的，就像有白天和黑夜一样平常，一个人的生是依循着自然界的运动而生，一个人的死亡也只是事物转化的结果；生若浮游天地之间，死若休息于宇宙怀抱，一切都没什么大惊小怪，生也好，死也罢，平平常常，没什么可怕的。

据《庄子·至乐》记载，庄子的妻子死了，惠子前去吊唁，见庄子不但没有哭泣，反而两腿平伸岔开地坐在那里，边敲着两腿中间的瓦盆，边大声唱着歌。惠子对庄子的表现不太满意，说：“你妻子和你生活在一起那么久，为你生儿育女，现在她死去了，你不哭也就罢了，又敲盆唱歌，是不是太过分了！”庄子的回答是：“不像你说的那样。她刚死时，我也难过，哀伤。后来，仔细一想，从根上说，她当初本来没有生命，而且也没有形体；不但没有形体，连生命的气息也没有。起始，她仅仅是处在恍恍惚惚、若有若无的状态中，而后才有了生命的气息；这种气息变成形体，形体有了生命，现在又变为死。这就好像春夏秋冬四季循环运行一样。她平静地躺在宇宙这间巨大的居室里，而我却在身边大哭，我认为那就是没有彻悟生命的本质，后来就不再哭了。”

从这则“鼓盆而歌”的故事，可见庄子对生死看得比较透彻。即使庄子自己临死时，也表现出看得透、放得下的超然态度。

庄子不相信死后的世界，也反对厚葬。据说，庄子快要死的时候，学生想厚葬他，遭到了庄子的拒绝。庄子对生死的透彻理解，让人敬佩。就像《庄子·至乐》中所讲到的，物类千变万化源起于微细状态的“几”，有了水的滋养便会逐步相继而生，处于陆地和水面的交接处就形成青苔，生长在山陵高地就成了车前草，车前草获得粪土的滋养长成乌足，乌足的根变化成土蚕，乌足的叶子变化成蝴蝶。蝴蝶很快又变化成为虫，生活在灶下，那样子就像是蜕皮，它的名字叫作灶马。灶马一千天以后变化成为鸟，它的名字叫作干余骨。干余骨的唾沫长出虫子斯弥，斯弥又生出蠛蠓。颐辂从蠛蠓中形成，黄軦从九猷中长出；蠓子则产生于萤火虫。羊奚草跟不长笋的老竹相结合，老竹又生出青宁虫；青宁虫生出豹子，豹子生出马，马生出人，而人又返归造化之初的混沌中。万物都产生于自然的造化，又全都回返自然的造化。

生命就是一种不断转化的过程，人生来自造化，又复归造化，大自然就是这样生生不息。因此，一个人生活在这个世界上，一定要使自己的生命有一个灿烂的旅程。

放松心境，多用心去享受沿途风景

原文

前后相随。（《道德经·二章》）

意译

先前与滞后互相接随。

人生智慧

前后相随，也是老子轻描淡写的一句，但细细品咂，却有几分深意。前与后，相随而来，相随而去，没有界限，无论是时间的或空间的前后，都是人为的界别。时间能够抹去人类的一切活动痕迹，事物是不断地运动变化着的，世间没有永恒不变的东西，就像世间没有绝对的真理，没有完美无瑕的事物一样。

宇宙间的万事万物时时刻刻都在变化，任何时间，任何地方，一切事情刹那之间都会有所变化，不会永恒存在。老子的"前后相随"其实是看透生死的洒脱。

在20世纪，一位美国的旅行者去拜访著名的波兰籍经师赫菲茨。他惊讶地发现，经师住的只是一个放满了书的简单房间，唯一的家具就是一张桌子和一把椅子。“大师，你的家具在哪里？”旅行者问。“你的呢？”赫菲茨回问。“我的？我只是在这里做客，我只是路过呀！”这美国人说。“我也一样！”经师轻轻地说。既然人生不过是路过，便用心享受旅途中的风景吧。

有一则广告让人印象深刻，人生就像一场旅行，不必在乎目的地，在乎的只是沿途的风景和看风景的心情。

说到这里不由想起人们津津乐道的一个故事，一位银行家与一个渔夫的对话。银行家问渔夫：“捕到这些金枪鱼需要多少时间？”渔夫说：“要不了多少时间。”银行家又问：“为什么不多捕一些鱼呢？”渔夫说：“这些鱼足够一家人吃了。”银行家又问道：“那你剩下的时间都做些什么呢？”渔夫说：“睡个好觉，钓鱼，陪孩子玩耍，陪妻子散步，和朋友聊天。”银行家说：“你应该花更多的时间捕鱼，挣钱买一艘更大的渔船，用这艘渔船挣来的钱再买更多的渔船，从而拥有一支船队。这样，你就不用再把自己打来的鱼卖给中间商，而是直接卖给加工商，或者自己做批发零售。你可以离开这个小村子，到大城市，让公司的业务发展壮大。”渔夫问道：“这要花多少时间呢？”银行家回答：“大约15至20年吧。”“然后怎么样呢？”银行家笑着解释：“到时你就可以申请上市，向公众出售公司的股份。你会成为富翁，家财万贯。”“然后怎么样呢？”银行家说：“这样你就可以什么都不干了，搬到海边的一个小镇上，可以一觉睡到下午，钓鱼，陪孩子玩耍，陪妻子散步，跟朋友聊天。”渔夫不解地问：“难道这些不是我现在就已经在做的事吗？”银行家无言以对。

人们无法阻止时间的脚步，但是却可以自己决定走到哪里去，前后相随而至，不同的只是选择的方向。

隆冬之际，一位樵夫砍柴归来，冒着漫天飞舞的鹅毛大雪，挑着两担柴吃力地往山上爬，他必须翻过眼前的大山才能到家。樵夫一脚深一脚浅地走在山地的雪路上，寂静的山头只听见脚踩着雪发出的吱吱响声。肩挑沉重的柴火，头顶凛冽的北风，樵夫每走一步都十分费力。艰难行走了许久，满以为离山顶近了，可是抬头仰望，前方仍是没有尽头。樵夫不由万分沮丧，跪在雪地上，双手合十，乞求佛祖现身帮忙。

一道金光中，佛祖现身："你有什么困难？""我请求佛祖帮我想个办法，让我尽快离开这鬼地方，我累得实在是不行了。"樵夫疲惫地坐在地上。"好吧，我教你一个办法。"说完，佛祖把手向农夫身后一指说："你往身后瞧去，看见的是什么？""身后是一片茫茫白雪，只有我上山时留下的脚印。"樵夫不解地说。"你是站在脚印的前方还是后方？""当然是站在脚印的前方，因为每一个脚印都是我踩下去后才留下的。"樵夫理所当然地回答。

"孺子可教！如此即是说，你永远站在自己走过的路途的顶端。只是这个顶端会随着你脚步的移动而变化。你只需记住一点，无论路途多么遥远，多么坎坷，你永远是走在自己路途的顶端，至于其他的问题你无须理会。"说完，佛祖便消失了。樵夫照着佛祖的指示，果然轻松愉快地翻过山头回到家。

时间公平地对待每一个瞬间，无论前后，但人在生命的旅程中，却不能停滞不前，只有不停地向前走，才能摆脱重重阻碍，达到人生的终点。

只可意会不可言传的“道”

原文

希言自然。（《道德经·二十三章》）

意译

当政者应当尽可能少地对民众发号施令，这样的统治方式才是合乎自然大道的，同时也能够治理得更加长久。

人生智慧

老子曰：“希言自然。”这本是对于当政者的告诫，治理国家尚且如此，管理好自己的人生，更需要“希言”。

人生的规律，逃不过一个法则，有生必有灭。人类愚不可及之处便在于，总希望什么事情都能永久地把握在自己的手里。“天地尚不能久，而况于人乎”！这是原则。原则归根究底，便是所希言的自然之道。

天道不可说，所以屈原才向天提出疑问：“请问：关于远古的开头，谁个能够传授？那时天地未分，能根据什么来考究？那时混混沌沌，谁个能够弄清？有什么在回旋浮动，如何可以分明？无底的黑暗生出光明，这样为的何故？阴阳二气，渗合而生，它们的来历又在何处？穹的天盖共有九层，是谁动手经营？这样一个工程何等伟大，谁个是最初的工人？这天盖的伞把子，到底插在什么地方？绳子，究竟拴在何处，来扯着这个篷帐？八方有八根擎天柱，指的究竟是什么山……”

天问，就是屈原对于客观世界一切不可解、不合理的现象的问难，正如郭沫若所说：“是屈原把自己对于自然和历史的批判，采用问难的方式提出。”

有人笑言：“算命之人命运都很坎坷，不是孤单一人无亲无故，便是身有残疾病魔侵扰。上天要么是怨你泄露天机惩罚你，要么怨你信口开河惩戒你。天机不可泄漏，泄露绝非天机。”佛曰：不可说，不可说。得道升天，涅槃成佛，在上天的考试中，必有一道题是保密的。

有一个人搭船到英国，途中风暴来袭，全船的人惊慌失措，只有一个老太太非常平静地祷告，神情安详。等到风浪过去，大家脱离了险境，这人很好奇地问这位老太太，为什么风暴袭击之时一点都不惶恐畏惧。老太太回答：“我有两个孩子，女儿已经被上帝接走，儿子住在伦敦。刚才风暴肆虐时，我就向上帝祷告，如果接我回天国，我就去看我的女儿，如果让我留在人世，我就去看我的儿子，其实到哪里去都一样，又有什么可害怕的呢？”把命运交托上苍，充实而用心地过好生命中的每一天，无论发生什么样的事情，都不会惧怕。

芸芸众生，一切皆有道。春暖时节，花开正艳，生命的灿烂一览无余，但花开之后就有凋谢的那一天，就像生命必有终结之时一样。可是生命的灿烂平息之时，生命并不会停止，就像庄子所说的那样，“指穷于为薪，火传也，不知其尽也”，生命会继续生生不息地存在下去。正如白居易的一首诗所写得那样："离离原上草，一岁一枯荣。野火烧不尽，春风吹又生。"

王国维曾说过，古今之成大事业大学问者，必经过三重之境界："昨日西风凋碧树，独上高楼，望尽天涯路"，此第一境也；"衣带渐宽终不悔，为伊消得人憔悴"，此第二境也；"众里寻他千百度，蓦然回首，那人却在灯光阑珊处"，此第三境也。当人们跳出了前两重境界，便会发现人生蓦然回首间的幸福，那种体悟便是道的真谛。

道，只可意会，不可言传，就好比那一次的回眸，又像是迦叶尊者的拈花一笑，只有听者懂，说者明，却心领神会。

关注心灵，才找准人生的价值

原文

故道大，天大，地大，人亦大。（《道德经·二十五章》）

意译

所以说道大，天大，地大，人也大。

人生智慧

老子说“故道大，天大，地大，人亦大”。中国传统文化中，始终将“天、地、人”三者并排共列。

传说老子骑青牛过函谷关，在函谷府衙时，一年逾百岁、鹤发童颜的老翁到府衙找他。老翁对老子略略施了个礼说：“听说先生博学多才，老朽愿向您讨教个明白。”

老翁得意地说：“我今年已经106岁了。我从年少时直到现在，一直是游手好闲地轻松度日。与我同龄的人都纷纷作古，他们开垦百亩沃田却没有一席之地，建了大量屋宇却落身于荒野郊外的孤坟。而我呢，虽一生不稼不穑，却还吃着五谷；虽没置过片砖只瓦，却仍然居住在避风挡雨的房舍中。先生，是不是我现在可以嘲笑他们忙忙碌碌劳作一生，只是给自己换来一个早逝呢？”

老子听了，微微一笑，吩咐府尹说：“请找一块砖头和一块石头来。”老子将砖头和石头放在老翁面前说：“如果只能择其一，仙翁您是要砖头还是愿取石头？”老翁得意地将砖头取来放在自己的面前说：“我当然择取砖头。”老子笑着问老翁：“为什么呢？”老翁指着石头说：“这石头没棱没角，取它何用？而砖头却用得着呢。”老子又问众人：“大家要石头还是要砖头？”众人都纷纷说要砖而不取石。老子又回过头来问老翁：“是石头寿命长呢，还是砖头寿命长？”老翁说：“当然石头了。”老子释然而笑说：“人们对于石头和砖头的选择，不过是用有用和没用来衡量罢了。天地万物莫不如此。寿虽短，于人于天有益，天人皆择之，短亦不短；寿虽长，于人于天无用，天人皆摒弃，倏忽忘之，长亦是短啊。”老翁顿然大惭。

那么究竟怎样才能找到人生的价值？下面这个故事可以帮你找到答案。

古时候，有一位老员外娶了四个妻子。第四个妻子最得员外的疼爱，他不管去哪儿都带着她。而她每天沐浴更衣、饮食起居，都要丈夫亲手照顾，丈夫对她真是百般呵护，非常宠爱。第三个妻子是众多人追求的对象，员外花了好大的力气才得到她。所以，员外每天都要去关心她，常常在她身边甜言蜜语，又造了漂亮的房子给她住。第二个妻子和员外最贴心，每当员外有什么心事或困扰，他总是来找第二位妻子为他分忧解劳，互相安慰。至于员外的第一个妻子，员外根本很少去看她。可是家中一切繁重的工作都由她处理，她身负各种责任烦恼，却得不到员外的注意和重视。

一天，员外必须要到遥远的地方去。他对第四个妻子说：“我现在有急事非离开不可，你跟我一块儿走吧？”第四个妻子回答：“我可不愿跟你去。”员外惊异万分，不解地问：“我最疼爱你，对你言听计从，怎么现在不愿陪我一块儿去呢？”“不论你怎么说，我都不可能陪你去！”第四个妻子坚决地说。员外恨她的无情，就把第三个妻子叫来问道：“那你能陪我一块儿去吗？”第三个妻子回答：“连你最心爱的第四个妻子都不情愿陪你去，我为什么要陪你去？”员外只好把第二个妻子叫过来说：“你总愿意陪我去吧？”第二个妻子说：“嗯，你要离开，我也很难过，但我也只能陪你到城外，之后的路你就自己走吧！”员外这才想起第一个妻子，把她叫来问一样的话。第一个妻子回答：“不论你去哪里，不论苦乐或生死，我都不会离开你的身边。你去多远我都陪你去。”

这时员外才知道，真正可以和他永不分离的只有第一个妻子啊！员外要去的地方是死亡的世界。第四个妻子，是人的身体。人对自己的身体倍加珍惜，不亚于员外体贴第四个妻子的情形；但死时你为之不惜一切的身体，却不会追随着你。第三个妻子，是人间的财富。不论你多么辛苦追求来的财富，死时都不能带走一分一毫。第二个妻子，是亲朋好友。人活在世上，彼此关爱是应该的，亲朋好友在人死后，会伤心一段时间，但是百年之后却谁也不认识谁。第一个妻子，则是人的心灵。

心灵和我们形影相随，生死不离，但人们也最容易忽略它，反而全神贯注于物质和欲望，其实只有心灵才是永生永世与我们同在的。有人说不关注自己的心灵，无法得到真正的快乐和自由；有人说这个世界不适合清醒的思考者，还是把兴趣集中于物质上比较容易快乐……如果你是员外，你会选择疼爱谁呢？

生命只有一次，善待便是珍惜

原文

吾所以有大患者，为吾有身；及吾无身，吾有何患？（《道德经·十三章》）

意译

我们之所以有大患，是因为拥有身体，害怕身体受到伤害，担心身体会陨灭；如果自己没有了身体，那还有什么值得担心的祸患呢？

人生智慧

人来到世上是偶然的，走向死亡却是必然的。人生除了生与死能引起几声欢呼、几阵哭泣外，健康活在世上的人很少会想到死亡，也没有对死亡的敬畏感。生活中常可见到一些人，成则轻狂骄妄、得意忘形，败则一蹶不振、沮丧绝望，对得失锱铢必较，对成败患得患失，对诱惑欲壑难填，无论大事小事，整天烦恼、忧愁、痛苦、懊丧，甚至去猜忌、争斗、相互陷害，不识人生之轻重、不辨生命之真谛，真可谓一叶障目，不识泰山。

很少有人在平安康乐的时候思考一个严肃的问题，那就是：我该怎样活着。碌碌无为地敷衍度日，让大多数人的生命在无形中被消耗掉了。

科尔和马克一起去医院看病，他们都是鼻子不舒服。在等待化验结果期间，科尔说如果是癌，立即去旅行。马克也如此表示。

结果出来了，科尔得的是癌，马克长的是息肉，科尔留下了一张告别人生的计划表离开了医院，马克却住了下来。科尔的计划是：去一趟埃及和希腊，以金字塔为背影拍一张照片，在希腊参观一下苏格拉底雕像；读完莎士比亚的所有作品……

有一天，马克在报上看到科尔写的一篇有关生命的散文，于是打电话去问科尔的病情。科尔说："我真的无法想象，要不是这场病，我的生命该是多么的糟糕。是它提醒了我，去做自己想做的事，去实现自己想去实现的梦想。现在我才体味到什么是真正的生命和人生。你生活得也挺好吧？"

马克没有回答。他早把自己亲口说的去旅行的事放到脑后去了。

在这个世界上，每一个人最后都不可避免地走向生命的尽头，有的人走得快，有的人走得慢。有时候，走得快的人，因为看透了生死，反而活出了精彩的人生。而走得慢的人，总是想着自己还有足够的时间去实现自己的人生目标，一拖再拖，直到最后仍然没有完成，碌碌无为地度过了自己平庸的一生。这不能不说是生命的一种悲哀。

感慨生命的短暂，不是学曹孟德"譬如朝露，去日苦多"的叹息，也不是拾苏东坡"人生如梦"的无奈，更不是看破红尘的消极颓唐，而应该想，人生苦短，生命易逝，今天能健康、自在、安乐地活着，我们就没有什么理由不去珍重生命、热爱生活、好好活着，过好生命中的每一天。

生命之旅，哪怕短如昙花一现，也应当珍惜这仅有一次的生存权利。我们理应在有限的时间里，绽放生命的花朵，让生命更精彩。易朽的是生命，似转瞬即谢的花朵，然而永存的，是对生的激情。每一朵勇敢开放的花，都是一个面对死亡的灿烂微笑。死是生的结束，也是另一个生的开始。一个人看透了生死的意义，看清了生命的价值，就会将生演绎得更美丽、更灿烂，这才是对死亡最好的回答。

镇定地享受生命的快乐

原文

涣兮，其若凌释；敦兮，其若朴；旷兮，其若谷。（《道德经·十五章》）

意译

（他们）总是行动洒脱，仿佛是初春的冰块缓缓地消融；（他们）总是淳朴厚道，仿佛是一块浑然天成、未经人工雕琢的艺术品；（他们）总是豁达宏远，仿佛一座深幽的山谷拥有承载一切的空间。

人生智慧

生命对于每一个人来说，都只有一次宝贵的机会，要如何面对这来之不易的生命？我们不妨用老子在《道德经》中的一句话来作为回答："涣兮，其若凌释；敦兮，其若朴；旷兮，其若谷。"这段话的本意是：（他们）总是行动洒脱，仿佛是初春的冰块缓缓地消融；（他们）总是淳朴厚道，仿佛是一块浑然天成、未经人工雕琢的艺术品；（他们）总是豁达宏远，仿佛一座深幽的山谷拥有承载一切的空间。我们就是要做老子所说的这种人，他们享受着生命的快乐，不疾不徐，洒脱纯朴，做一个真正享受生命的人。

《庄子·养生主》中讲道：老聃死后，秦失去吊唁，哭了几声就出来了。老聃的弟子认为他的行为过于草率，就问他："就这样吊唁他，可以吗？"秦失说："可以的……一个人活在这个世界上，是顺着生命的自然之势来的；年龄大了，到了要死的时候，也是顺着自然之势去的。你的老师偶然来到世间，是应时而生，又偶然离开世间，是顺命而死。安于时机并且顺应变化，哀乐心情就不能进入心中。"

正如秦失所说：真正的生命不在现象上，人们要看通生死，"安时而处顺，哀乐不能入也"。这才是最高的修养。生死的问题看空了，随时随地心安理得、顺其自然，才能做到不惶恐、不惧怕，镇定地享受生命的快乐。

看透生死，节哀顺变，一切随遇而安，就不会在人生的旅途中为生死而饱受困扰。然而，无论生者或死者，都很难做到这一点。

一个婴儿刚出生就夭折了，一个老人寿终正寝了，一个中年人暴亡了。他们的灵魂在去天国的途中相遇，彼此诉说起了自己的不幸。婴儿对老人说："上帝太不公平，你活了这么久，而我却等于没活过。我失去了整整一辈子。"老人回答："你几乎不算得到了生命，所以也就谈不上失去。谁受生命的赐予最多，死时失去的也最多。长寿非福也。"中年人叫了起来："有谁比我惨！你们一个无所谓活不活，一个已经活够数，我却死在正当年，把生命曾经赐予的和将要赐予的都失去了。"

他们正谈论着，不觉到达天国门前，一个声音在上空响起："众生啊，那已经逝去的和未曾到来的都不属于你们。你们有什么可失去的呢？"三个灵魂齐声喊道："主啊，难道我们中间没有一个最不幸的人吗？"上帝答道："最不幸的人不止一个，你们全是，因为你们全都自以为所失最多。谁受这个念头折磨，谁的确就是最不幸的人。"

生命的本质不在于现象，生是规律，死是必然，任何事物都无法逃脱生死交替的轮回。

虽然，生命的开始与结束只在于时间的早晚，但过程与态度却同样重要。

托尔斯泰曾讲述过一个流传很久的东方寓言：

一个旅行者在草原上被一只狂怒的野兽追赶。旅行者为了逃生，藏到一口无水的井中。然而，他看见井底有一条龙，张着血盆大口想吞噬他。这个不幸的人不敢爬出井口，否则会被狂怒的野兽吃掉；他也不敢跳入井底，否则会被巨龙吞噬。他抓住井缝里生长出的野灌木枝条，死死地抓住不放。他的手越来越无力，他感到不久自己就要向危险投降，危险正在井口和井底两头等着他。但他仍然死死地抓住灌木。忽然，两只老鼠绕着他抓住的灌木主枝画了一个均匀的圆圈，然后从各方啃噬。灌木随时都会断裂垮掉，他也随时会落入龙的巨口。旅行者目睹着这一切，深知必死无疑，而在他死死抓住灌木的时候，却看见灌木的树叶上挂着几滴蜜汁，他便把舌头伸过去，去舔舐这或许是最后的快乐。

在进退维谷的人生境遇中，以全部的力量抗争险恶的势力弥足珍贵。倘若面对无法抗衡的力量的威胁，直到生命的最后一刻，仍能够镇定自若地去享受和体味生命最后的快乐，则更能显现出一种真正超然的人生本色。

与命运所作的任何一种抗争都不可能是一劳永逸的，因为畏惧艰难险阻而放弃行动，只能说明生命的懦弱。而当艰险真正降临的时候，除了本能的求生欲望之外，还能清醒地认识现实的境遇，在漫长的压抑和恐惧的煎熬中，抓住生命的树枝，使全部抗争的可能性都得到充分的证明，这才是有积极意义的生命。

参考文献

[1]金望久，梁素娟.道家经典智慧故事全集［M］.北京：中国时代经济出版社，2008.

[2]杨国庆.品悟老子［M］.北京：中国长安出版社，2012.

[3]老子.道德经［M］.长沙：岳麓书社，2011.

[4]曾仕强.道德经的奥秘［M］.西安：陕西师范大学出版社，2012.

[5]冯海涛.道德经智慧日用贯通［M］.北京：中国纺织出版社，2011.